公務員の教科書

国語編

伊藤章雄 著

ぎょうせい

目次

公務員の教科書

第2部　実践編

序章——公務員は言葉で仕事をする人

公務員は「言葉で仕事をする人」である。

法律、条例、規則の公布あるいは制度の説明、住民からの申請、住民への通知やお知らせ、窓口や電話での応対などすべて言葉で行う。また、企画し、問題提起し、方針決定したことを実際に事業化するときは所定の起案用紙に内容をまとめて上司の承認をもらう。会議の主催、相談、連絡、報告などについても必要に応じて起案し、記録し、文書にする。

このことから、役所の仕事の原則は**文書主義**といわれたりする。文書主義とは忘れたり間違ったり、錯覚を起こしたりしやすい口頭ではなく、方針や目的、期限、費用等を紙に記録しながら処理する仕事の仕方をいう。言ってみれば正しく伝え、間違いなく受け取って、判断、決定したことを記録、保存し、後日の閲覧にも対応する一連の作業システムである。洩れのない、目的通りの事務を正確無比に行う最善の処理体制といえる。

それは役所の仕事がどんな場合も法の定めに従わなければならないからである。憲法を守り、何人に対しても法令の適用は平等でなければならず、むろん公共サービスの給付も公正、妥当でなければならない。疑問点があれば保存した書類をとり出してチェックし、場合によっては関係者の責任追及ができる、というところに特徴がある。その代わりに、住民は行政経費にあてるための税金を負担する義務を負っている。つまり、文書主義には正確な事務処理を促すだけではなく**行政監視の機能**があり、間接的ではあるが主権者の権利を守るしくみになっている。それを制度面から裏付けるのが**情報公開制度**である。文書主義は情報公開制度の存在意義を高め、情報公開制度は文書主義の機能を精密にするという関係にある。

以上のことから言えるのは、文書主義は言葉に始まり、言葉に終わる。マックス・ウェーバーは文書主義を官僚制の長所の一つとし、「あらゆる組織の活動は文書によって始まり、文書によって進められ、文書によって終わる」と言っている。

行政は文書と文章を中心に仕事をするシステムであり、それを運用する公務員には言葉を駆使する能力が求められる。言葉を正確、的確、過不足なく使えることが公務員の資格要件である、ということである。

実際に私たちの職場を見れば、質問、回答、伝達、承諾、確認、発案等にかかわる言語が飛び交い、それがワープロ等で活字に印刷されたり、資料として配られたりしている。意見を交わし、会議をし、決定するといった一連のコミュニケーションを重ねながら、住民サービスの生産と供給がなされる。

行政の仕事はどれだけ言語が有効活用されるかにかかっている。行政能率もコストも職員の**国語力**次第なのである。

しかし、現実にはそのことに私たちはあまり気を留めない。誰でも国語の読み書きが一応できるために、不自由を感じることがない。改めて言葉力を見直し、表現力をみがこうという気にはならない。

そこに実は多くの人が気づかない、人と差のつく盲点がある。よく考えてほしいが、理解力や説得力、判断力などは、究極において言語表現という形をとるのである。**仕事とは意思表示と決定の連続**である。言葉には速度や効率があり、その操作法一つでサービスの生産量や生産コストに差が出る。国語力の差が能力差、実績差になることに気づくべきである。

言語力は日々進歩する面もあるが、気づかずに退歩する面もある。普通に話ができ、読み書きもできるから安心と活字類の充電に関心を示さずにいると、いつの間にか話すことや書くことが瘠《や》せ、艶《つや》やふくらみを失う。訴える力が落ちてくる。いわゆるマンネリ語法になり、面白くもおかしくもない、ただありきたりな企画書や起案書をつくる人になってしまう。コミュニケーション力の低下は、人間的魅力の低下でもある。もっとひどいマイナスは、誤読や誤記で信用を落とす、ないしはひそかな軽蔑の眼で見られるようになることである。

いかなるジャンルでもそうだが、刷新、更新しない能力は確実に低下する。筆者自身、油断していたことがある。あるとき、たまたまワープロで「せきゅう」と入力した。該当する漢字が出ない。何度打ち込んでも出ないので念のため国語辞書を引く。「せきゅう」という単語は見当たらない。「せきゆう」と隣の欄にある。その漢字は「昔遊」である。しかし、求める漢字はこれではない。少し考えて「せきゆ」と入力すると、「石油」と出た。仰天した。殆《ほとん》ど半世紀にわたって、「石油」は「せきゅう」だと思いこんでいたのである。またある日、「ペルシャ」と入力した。字は出たが疑問を示すアンダーラインがついている。

念のため世界年表をめくると「ペルシア」とあった。これにも驚いた。やはりほぼ半世紀間、間違って覚えていたのだ。もっとひどい思い違いがある。恥を忍んで告白するが、公務員になって二十年間、地方公共団体の「公共」を「こうきょ」と発音していた。一度も疑問に思ったことがなかった。人から注意をされたこともなかったのは、「きょう」も「きょ」も耳には殆ど同じに聞こえるからである。漢字に振り仮名を振る試験がこれまで一度もなかったので恥をかかずにすんだ。

錯覚、錯誤、忘却は人間につきものである。問題はどうやって間違いに気づき、直していくかだ。誰かが指摘してくれればいいが、一定の年齢になるとまわりが気を回す。「重複」を「じゅうふく」、「発足」を「はっそく」、「意図」を「いづ」、「団塊」を「だんこん」と発音しても皆黙っている。

「この度着任したポストに私は役不足でありますが、全力を挙げてがんばります」と本来の意味とは逆の用法で挨拶しても、真意は能力不足を努力で補うと言っていると好意的に解釈し、注意してくれない。「全然君の考えは正しい」と言われても、変な日本語と思うくらいで「ぜんぜんの使い方が間違っています」と指摘する人はいない。中にはうつむいて笑いを押し殺し、「いつもえらそうにしているが、あいつの教養はあの程度だ」などと酒の肴、笑い話にする者もいるが……。

公務の窓口では国語力不足で実害が生じることがある。住民の言うことがよく理解できない、住民にわかるように説明できないために窓口で不必要なまでに長い時間を費やしたり、くどくどと念押ししたり、責任逃れのための書類の提出を求めたりする。特に法令の解釈の間違いは、住民の権利、義務を侵す。たとえば課税や給付サービスの判定、解釈などのミスは影響が大きい。不当に重い負担をかけたり、提供すべきサービスを提供しなかったりといったケースが発生する。行政における国語的無能力は、悪意なき加害を生む、ということである。

さらに公立病院の医師や看護士の言葉づかいである。診断結果や病状の説明、真実を話すタイミング、治療計画、セカンド・オピニオンへの考え方、生活指導、患者の人権への配慮など留意すべきことがたくさんある。コミュニケーション技術である以上にそれは医療技術の一環である。的確なコミュニケーションと気配りが今一番求められている職場の一つが医療部門である。

こうした住民への悪意なき加害をゼロにすることは難しい話ではない。自分は人とうまく話せる。少なくとも普通に話せ、文章も書けるという気持ちを捨てればいいのだ。今まで言葉の表現で一度も困ったことがないという人は錯覚していると思わなくてはいけない。実はそのことを正面切って問題にされなかったに過ぎず、誰かが我慢し、フォローしていたのである。

ここで一つ注意したいことがある。「自分は話がうまい」と思っている人の実務能力についてである。話がうまいだけで仕事ができる人といえるのかどうか。結論はノーである。説得や調整で能力を発揮することもあるが、それは行政の仕事の一部でしかない。文書主義による事務処理はもっと総合的であり、論理的である。端的に言えば、話のうまい人が、その内容についてうまい文章が書けるとは限らないということだ。何をしようとしているのかわからない起案書をみかけることがしばしばある。文章を書き、文書に残すことを億劫がり、口先で仕事をすませたがる人にこういう例が多い。

話すことが日常感覚の仕事とすれば文章化、文書作成作業は非日常感覚のエネルギーを要する。日常感覚のまま文章を書こうとすると言葉がスムーズに出ない。頭を非日常感覚へと切り替える必要がある。行政マンはその切り替えができる。採用試験で能力は実証されている。誰もが高校の教科書で習った以上の言葉力をもっている。行政の文章や文書は中学校卒業レベルの平明でやさしい、わかりやすい言葉で書けといわれるが、もとより潜在能力の高い行政マンにはたやすいことである。

ただ、先にも述べたが知識やスキル、言語感覚は気がつかないうちに錆びつく。平和の長く続いた江戸時代の武士の刀のような状態になっている。自分の記憶は正しいという思い込みにどっぷり浸って錯覚し、錯誤が修正されずに続く。歌は世につれというが、言葉も世につれである。古いセンスの言葉力は更新しなければならない。ぴかぴかにみがき直して時代の呼吸ができるようにする必要がある。

人間のすごいところは脳の中の知識や記憶は容易に復元、修正できることである。過去に一度習ったことは埃《ほこり》を払う程度の軽い努力でよみがえる。本書を『公務員の教科書　国語編』と名づけた理由もそこにある。もう一度昔習った教科書を広げてみよう、読み返してみよう。忘れていたこと、錯覚していたことに気づく。教科書は思ったより現実の役に立つ。錆落としをすれば一気に言葉力とともに人間としての気力までよみがえるのである。

第1部

知識編

—まずは国語の知識を総復習！—

公務員レベルUP!!

第1章

こんなに落ちている国語力

月　日（　）

1　二極分解するコミュニケーション力

(1) ケータイメールが国語力を退化させる

小中学生の間で考える力や感じる力、想像する力や表現する力が低下しているという。**聞く、話す、読む、書く能力**が落ちているということだ。一言でいえば、国語力の衰弱である。

これは単に国語教育の問題なのかどうか。人と人との関係やコミュニケーション手段が電子メールやインターネットに偏った社会状況が原因にあるのではないか。

言葉の力は、人と人がじかにぶつかり、会話することでみがきがかかる。表情や目の色、手振り、身振りにメッセージがあり、それらが総合されて会話が成り立つのである。しかし、携帯電話や電子メールの言葉づかい、センテンスはどうだろう。特に問題に思えるのは**電子メールの文章**である。書き言葉の一種類ではあるが、ワンセンテンスが極端に短い。

「どこ」「行く?」というように、名詞ないしは動詞をただ並べただけといった文章だ。簡潔で、意味が単純かつドライという特徴がある。当然、考えを深める会話はできない。

インターネットの**チャット**も同じである。チャットはおしゃべり目的の電子会議室である。参加は自由、筆跡も名前も消し、顔も見えない匿名性という関係を対話者との間に保って意見を述べ、聞き、おしゃべりを楽しむところに特徴がある。ある意味で言いたい放題、しゃべりっぱなしの無責任、アングラの世界である。どこかの誰かが問題提起をすると、意見のある人は掲示板に書き込んで議論に加わる。文字による参加であるため時間がかかる。するとほかの人が別の話題で割り込んできたりする。それを嫌い、話題をつなぐためにますます言葉を短くする。内容も単調、空疎になる。じっくり時間をかけて話すべき事柄も受け狙いの言葉で茶化して終わる。

同じパターンの言葉が多くなるのもメール文やチャットの特徴である。存在感を示すには発言しかないから、とにかく早くキーボードを打とうとする。「ですよね」「言えてますね」と省エネ言葉の会話をする。語彙《ごい》はどんどん少なくなる。

さらにこれを加速するのが**絵文字**である。絵文字は情報量が文字より多く、感情を真実以上に伝えてくれるが、言葉力は完璧に低下する。無文字時代に帰ったようなものというか、「ふろ」「めし」「わる」の家族関係のようになる。言葉は記号化し、筋立てて話をすることができなくなるのである。

日本語の単純化、規格化はほかにも見られる。ファミリーレストランやファーストフード店、ケーキ屋の若い店員の「よろしかったでしょうか」である。いわゆる若者が日常的に使う言葉ではない。職業用語である。「よろしいですか」と現在形で言えばいいような気がするが、過去形にしたところに工夫がある。客が注文をした。しばらくたって注文されたことが曖昧《あいまい》になり、もう一度客に確かめるとき「よろしかったでしょうか」と過去形で訊《たず》ねる。そういう時間経過を前提にした表現である。

要するに「あなたはあの時こういう注文を私にした。私はこういうふうに注文を理解し、今手配した。念のためにもう一度聞くが私の理解は間違っていなかったかどうか」と自分の理解度を確認しているのである。また、客の気持ちが変わっていないかどうかの確認、変更チャンスの付与にもなっている。

平たく言えば、客にもう一度聞くという、念には念を入れた御用聞きをしている。それだけお客を大事に考えているという接遇なのである。

「よろしかったでしょうか」を使うのはファミリーレストラン、ファーストフード店、ケーキ屋のほか、大型電気店などフランチャイズシステムをとる店舗の若い店員に多い。老舗のデパートや商店、昔からある下町の店などでは使われない。接客の訓練や経験が十分でない、感情表現やコミュニケーション技術が身についていないアルバイトやパート店員を使う店の接遇マニュアルの用語なのである。

マニュアル用語は必要最低限の機能を果たして過不足がない点では、実に効率的である。組織的に練られた語法であるだけに、おかしいけれども文法的に間違ってはいない。ただし、こういうところから日本語が妙な方向に変質する可能性はある。また、人間関係がさらに希薄化するきっかけにもなりそうである。

いずれにしても、**これからの日本社会のコミュニケーションは電子メール型が主流になる**であろう。人との直接的接触をしない場所で携帯電話やパソコンの画面をじっと見つめ、キーボードをひたすら打つ。そんなバーチャルな密室型のコミュニケーションは、人間からパフォーマンスする必要性や努力する心を奪うと同時に、顔からも感情表現を消し去っていく。無表情の人間がインターネットの中で電子文字を通して喜怒哀楽を交換するのだ。唇を震わせ、額に汗をにじませ、唾を飛ばすとか、声に力を込めるとかの肉体表現は空疎なものになっていく。電子社会では、いつもきれいで傷つかない、そして気楽な省エネ型のコミュニケーションが行われるのだ。

(2) ビジネスメールが国語力を引き上げる

といっても、この状況が長く続くとは思えない。一時代の過渡的現象で終わるとも考える。なぜなら今後、ビジネス世界の電子メールと個人世界の電子メールとは使いわけられ、二極に分解していくと予想されるからだ。取引では単純、簡潔な言語表現ではすまないケースがたくさん出てくる。言うべきことは言わなければならない。その場合、メールは会話体ではなく文章体になろう。文章の中で論理表現と感情表現が使われるようになる。ということは、今以上に文章表現力が必要になるということである。携帯電話の言葉足らずのメールはあくまで、個人間のコミュニケーションにとどまり、パソコンによる電子メールの本格的文章がビジネスコミュニケーションの主流になっていくはずである。社会経済の発展力は取引言語表現の中にどれだけのエネルギーがつまっているかに比例する。携帯メールの単純、簡潔表現には時代を引っぱる底力はないのである。

(3) 国語力向上は豊かな感性の回復だ

対話、そして考える力や表す力の源は何か。それは**感情**である。感性の爆発が会話を促し、思考をもたらす。想像力や論理力は感情の整理と体系化にみがきをかけ、感情の整理と体系化は想像力や論理力をより一層精密にするのである。感性で発想し、論理で組み立てる。それが知恵ある人間と動物の違うところである。

デジタル主流の電子社会はその感性が当面超微量ですんでしまう社会である。感性が微量であるとは、喜怒哀楽も微量であり、人と人が溢《あふ》れるような親密感で関係を結ばない。必然コミュニケーション力や発展力は衰える。

文化審議会国語分科会の行った国語に関する世論調査結果によると、国語力の課題について、**考えをまとめ文章を構成する能力、敬語等の知識、説明したり発表したりする能力、漢字や仮名づかい等の文字や表記の知識、言葉で人間関係を形成しようとする意欲**が上位を占めた。いずれも必要な問題提起であるが、関心が技術的問題に偏り過ぎていて、会話欲求、表現欲求の衰退という本質問題を見逃している感じがある。**感情を育て、人に伝える適切な表現力**をさらに一つ付け加えたいところである。

感性量の乏しい、感情の届けられないコミュニケーションと生活パターンの社会が続く限り、考える力や表す力はよみがえらない。考え、表す手段として発明された電子ネットワークが、逆に人から考える力や表す力を奪い取っているのが現状だ。このパラドックスを克服することが、教育の主題であり、電子社会の問題点である。

その中心課題は、繰り返すが**感性の回復**である。電子画面の前にいる時間を減らし、人と人が直接接触し、コミュニケートする場と本格的に文章表現を習う時間を増やす方策が必要である。

2　役所用語に寄りかかり過ぎる公務員

(1) 漢字力、言い換え力が不足している

大学生や小中学生の国語力の低下を懸念する記事が最近の新聞には目だつ。先日は「ひとつ」を「人つ」と書いた小学生がいたと報じられた。公務員を目ざす大学生が「行務員」と書いたレポートを出してくる時代である。確かに驚くけれども、公務員試験を受験するのをやめなさいとは言えない。似た間違いをする学生が他にも大勢いるからである。

すでに公務員になっている人もそんなに威張れた状況にはない。言葉で仕事をする人であるだけに、他と比べれば高い語学力をもっている。にもかかわらず「比較的知名度の低い公園めぐりへのお誘い」などと書いてくる。「あまり人に知られていない公園めぐり」ならわかるが、「知名度の低い」では誰も来ない。

こんな配慮の足りない文書には愕然《がくぜん》とする。このレベルになると、言語表現力と同時に常識の有無や社会洞察力等による表現の幅と奥行の拡大が必要になる。

公務員の国語力問題の第一は、**公務員として当然知っていなければならない漢字が読めなかったり、カタカナ語の意味がわからなかったり、またやさしく言い換えることができなかったりする人がいること**である。次の言葉はどうだろうか。

返戻、別添、符牒、罹患、払拭、逼迫、投棄、遡及、査収、来駕、忌憚、瑕疵、毀損、涵養、可及的、割愛、遺漏、パブリックインボルブメント、バイオマス、ドメスティック・バイオレンス、ソリューション、ゼロエミッション、スキーム、情報リテラシー、コンテンツ、ガバナンス、エンパワーメント、アジェンダ、アカウンタビリティー

これらは役所でよく使う言葉である。計画書や答申、法令の解説などに登場し、いわば一般化する前の原語というべき言葉である。あえて言えば**組織内言語**である。これがいきなり住民向けの文書に使われ、結果、何を言っているのかわからないという苦情の原因にもなっている。**もっとわかりやすい言葉に言い換えるべきだ**と近年指摘され、たとえば「ユビキタス」は「時空自在」、「ソリューション」は「問題解決」と言い換えることが検討されている。

言い換えるのはいい。だが、**公務員は原語も知らなければならない**。というのは、これらの言葉はいずれは法令やマニュアル、計画のみならず一般社会生活に出てくる言葉だからだ。言い換え語だけを覚える

と本来の意味がわからなくなり、噛《か》み砕いた説明ができない。

なお、前頁に挙げた言葉の読みと意味が全部わかる人は、日ごろ努力している人といっていいだろう。一語でもつっかえた人は、言葉の錆落としと更新が必要だ。自分の仕事とは関係ないからわからなくていいと居直るのはいけない。

住民から見れば公務員は常に組織の代表者である。事務系の人が理工系の専門用語がわからないのは容認されるが、そうでない場合は勉強不足と思われてしまう。住民の自治体職員への期待は常に高い。あらゆる質問をさばき、行政全般について何でも答えてくれると思っている。答えることができなくても問題解決のヒントを与え、連絡調整してくれる、万事に役立つ人というイメージを抱いているのである。

(2) 自分の言葉で語っていない

問題の第二は、**難しい法律文や通達、規則、調査報告、説明書などを自分の言葉で誰でもわかるように翻案した文章が書けないこと、説明ができないこと**である。法令や専門用語をそのまま使う。噛み砕いて誰にもわかる平易で具体性のある言葉にする努力を十分していない。

その理由の一つは、詳しい知識がない。体験したことがない。法律文や報告書などに対応する現実がどういう状況にあるのか想像がつかずにいる。しかし、仕事なので書類上とりあえず処理しようとするためだ。つまり、現場を見ない、詳しい事情を知ろうともしないで権限行使をするのである。

たとえば「堤防の天端《てんば》や堤防の外側法面に樹木や花卉を植栽することを禁止する」という文章がある。この主旨を住民に徹底しなければならないとき、いきなりこのまま住民にぶつけても理解されない。噛み砕いた文章に書き換えなければならない。そのためには現場を見るなりして、まず自分が理解できる言葉にしなければならない。

「天端」とは堤防のどこを指すのか。答えは堤防の上面である。「堤防の外側」とはどこなのか。外側とは川の流れに面した側のことである。これは河川行政独特の言い方で、洪水から守る必要のある住宅地や市街地を「堤防の内側」というのである。現地に行ってみると、逆に市街地は堤防の外側にあるように思えるが、正しくは反対なのである。堤防の斜面のことを法面《のりめん》という。堤防の外側の法面といえば川の流れのある方である。こういう現実の地形に対応した言葉を頭に浮かべなければ、平易な説明文は浮かばない。さらに、植栽が禁止されているエリアを具体的に線引きしてみる。堤防上と河川敷に面した堤防の斜面、および河川敷全体が植栽禁止区域である。

原文を実際の現場で体験し、噛み砕いた説明文を考える。そういう努力をして得た言い回しが「自分の言葉」になる。それをその通り素直に書けば、誰にもわかる表現ができる。

(3) わかる文章を書こうという気持ちが足りない

第三は、**生き生きしたときめきのある表現を心がけようという意識が乏しいこと**である。

はっきり言えば死んだ言葉、イメージの乏しい現実感のない抽象語や専門用語を平気で用いる。住民にわかろうがわかるまいが配慮なしに使う。国の各省でつくる白書類や懇談会等から出される報告書の文章がその典型である。**明治以来行政と住民の間をへだててきた難しい漢文脈が脈々と続いている。**それが通達、通知等を通して自治体の職員の書く文章に影響する。

もとより公務員は昔から生きた言葉、血の通った言葉を使うのを避けるというか、杓子定規のコミュニケーションを好む傾向がある。それは法令の執行という仕事の性質上やむを得ない面もある。法令用語は万人に適用されなければならず、考えられる限りのあらゆる例外をも想定するために、個性や生活感覚を殺した表現になっている。これは作家や名文家といわれる人がやっても、公務員の立場で書けば殆どそのようになる。

問題は、起案書や通知文、報告書やメモ書き、住民への説明文などである。その気になれば、潜在能力の高い公務員である。意図や心の弾みや呼吸、意気込みなどが伝わるようにビビッドに書けるはずである。仕事は楽しく、住民とのコミュニケーションは共感性をもって快適、親密にと心がければ、紋切り型でない文書がつくれるのである。そこをおろそかにするというか、役所特有の言語文化に寄りかかろうとする。法令用語や行政の専門語は公に定義されているから、文書の作成や説明に使うと作業が楽に行えるメリットがある。間違いを指摘される恐れもないうえに、相手にわからせる言語表現の探求という努力も省略できる。仕事を簡単にすませたい人は、権力的立場に胡坐《あぐら》をかいてこうした法令、専門用語を多用する。

上司が注意をすると「こういう風に書けば住民は否も応もなく納得する」とうそぶく。

かつて作家の阿川弘之が地下鉄の電話番号を引くのに鉄道・軌道業からたどっていかなければならない。古本屋も古書籍商から探さなければならない。なぜ地下鉄、古本屋という一般に知られた分類で引けないのかと怒っていたことがある。専門語、法令語は当事者にしか通じないのだ。

行政のトップが住民との間に信頼関係を築こうと親しみやすい姿勢を示しても、役所用語に寄りかかる職員がいると両者の距離は縮まらない。行政への住民の期待と信頼を呼び起こすためにもやさしく噛み砕いた物言いができなくてはいけない。

(4) 国語と日本語文化をさぐる

最後に、「国語」という呼称について一言述べたい。

現在「国語」という言い方で自国語を指す国は、日本と韓国だけである。フランスでは国語と言わずにフランス語という。アメリカやイギリス、ドイツでも国語と言わずに英語、ドイツ語という。

ちなみに**「国語」という言い方は「国家語」の略称**である。明治の国語学者、上田万年の提唱でできた。国家には一つの言語しかないという考えの下でつくられたのである。

江戸時代、言語は各藩で違った。といっても鹿児島や秋田など一部の藩を除けば、違いといっても方言の程度だったらしい。浄瑠璃や俳句などが全国的共通語の役割を果たしていた。幕末、方言の強い薩摩の西郷隆盛と長州の木戸孝允、土佐の坂本竜馬が倒幕の話ができたのも、浄瑠璃や謡曲あるいは遊里の言葉が広まっていたからといわれている。

立憲主義の国民国家建設を目ざす明治政府は、まず全国統一の象徴である共通語を確立する必要があった。国家の建設を言語の統一から始めた。京、大阪の言葉を始め、山の手、下町、吉原の言葉などが混ざった江戸東京言葉を基本に、長州の侍言葉を合体させて標準語とし、義務教育で普及させた。つまり、**攘夷倒幕でき上がった不安定な新政府は、国という概念の実体化を図る土台づくりに国語を使った**のである。

この時代、国際的言語としての日本語という視野を考える未来像など誰の頭にもなかった。そこまで地球が頭に入っていなかった。日本という島国を頭に描いて、そこに住むのは日本人だけという純粋な民族像をこしらえて、明治政府の求心力の対象としたのである。

以上が「国語」という呼称の起源である。とにかく一民族の奉じる国語ができて国民国家の体裁が整い、百年余をかけて今日の国際化時代を迎えることができたのが我が国である。

ちなみに現在、日本国内では日本語のほかに韓国、中国語等を使う人、学ぶ人が増えている。このまま日本語を「国語」という呼称で呼び続けていいものかどうか。

外国には日本語を使う人が二百万人以上いるといわれている。日本語は日本人だけのものではなくなりつつある。インターネットにより国境観念が殆ど薄れた現在、言語の一国主義を維持していくことは疑問であろう。政治や経済だけでなく、文化や生活マナーも含めて世界の仲間入りをするには、鎖国主義を引きずるような呼称をやめ、日本語と言い換えてもいいのかもしれない。少なくとも公務員はその認識を持たなければならないと思う。

ついでながら、第二次世界大戦に敗北した後、明治以来続いていた日本語の見直し論が大いに盛り上がった。国語をフランス語にしたらどうか、ローマ字表記にしたらどうかといった議論が真剣になされた。その流れは現在も生きている。英語を第二母国語にしようとか、小学生から英語の時間をたっぷりとろうといった意見がやまない。

はっきり言って賛成しがたい考えである。母国語によるコミュニケーションや思考ができない人は、英語でもフランス語でもできないのである。**自国の言葉の学習をおろそかにするものは、国家と文化の価値をもおろそかに考える**ものである。子供の考える力が低下していると心配の声があがっているのは、まさしく国語力を粗末にしてきたからである。

日本はれっきとした二千年の伝統と文化を誇る国でもある。中国から輸入された漢字を取り入れているとはいえ、長い歴史の中で独自の言語文化を熟成させてきた。漢字文脈は日本人のアイデンティティになり、文化の原液になっている。さらに近年、義務教育で習う漢字数を減らそうとか、新聞表記からも減らそうといった意見が出ている。漢字は覚えるのが大変だ、子供の負担を軽くしたいというのである。だが、英語や数学にくらべてそんなに大きい負担を子供にかけているのか。そうとは思えない。

アルファベットに比べて漢字は通信効率が悪い、機械化に不向きだという経済サイドからの声もある。確かに漢字には機械化の困難な面がある。しかし、日本語ワープロ技術、デジタル技術の発達を見ればそれは杞憂《きゆう》に過ぎないと思える。今日漢字の通信効率がアルファベットに比べて格段に落ちるとは言えなくなっている。自動翻訳機も年々進歩している。国語の非効率が国際競争において致命傷になるはずもないのである。現に、日本は経済大国として繁栄しているではないか。問題は、インターネットなどが英語で行われ、日本語との接合がスムーズでないことである。これが一番の問題なのである。

だがこのことについても心配する必要はない。今まで通り英語の必要な人が英語を習い、使えばいいと考える。国家を挙げて文化の魂をないがしろにするような言語政策をとる必要はない。

我が国の経済力が世界のトップクラスを維持し続けていることに改めて注目すべきである。それはとりもなおさず日本語が経済のハンディになっていないという証拠にほかならない。企業の利益追求のしやすさのために、漢字制限を強化するような発想は賛成できない。

国語は文化である。国語を守ることは国のアイデンティティを守ることであり、それが国際における我が国の個性を際立たせることにつながる。グローバル化が進展すればするほど国家の伝統と文化の特色は必要性を増し貴重になる。

日本はどこまでも日本であり、日本でなければならない。国語の問題は単に英語との効率や覚えやすさの比較で論じられてはいけない。このことにも公務員は不断に思いをいたす必要がある。

学習のポイント

○電子メールが言語表現力やコミュニケーション力を低下させるとは言い切れない。
○ビジネスメールは今以上に正確な文章力が求められるようになる。
○公務員の言語文化は一層わかりやすさが求められている。外来語は言い換えても、公務員は原語の意味についても知らなければならない。
○漢文脈文化が行政と住民の間を隔ててきた。これからの文書づくりにはわかってもらおうという気持ちが不可欠だ。公務員は生活意識に基づく平明な住民ベースの言語文化を共有しなければならない。
○わかりやすさの要求を漢字制限論に結びつけるべきではない。国語は文化である。

第1部　知識編

第2章

こんなに面白い日本語の起源

—女性に息を吹き込まれた日本語の起源と支配層が使っていた漢文—

月　日（　）

1　女性の表現欲求がひらがなをつくった

日本に古くからあった言葉は**やまとことば**といわれる。

しかし、縄文、弥生を通して文字はなかった。無文字の話言葉社会が続いていた。日本人が初めて文字を知ったのは奈良時代に中国から移入された漢字によってである。漢字は表音言語であるやまとことばとは構造・機能がまるで違い、一般の人々とは無縁だった。シナ語（漢文）をそのまま読んだり書いたりできるのは、支配層である天皇や貴族や僧侶など一部の学識のある人に限られていた。だが、文字の存在を知ると人々の間に表現欲求が高まった。漢字が広まるにつれて簡略に使いこなす方法が考え出された。

最初にしたことは、**やまとことばと発音を同じくする漢字の選択**である。人々は漢字の元の意味を無視して発音のみに着目し、一字一音の表記法を考えた。たとえば、やまとことばの「はな」には「波奈」という漢字をあてた。

このあて字の方法で書かれたのが**万葉集**である。四千五百首の歌を収めた万葉集の表記には二千六百字の漢字が使われている。古事記や日本書紀も万葉仮名で書かれた。やがて、経典を習う僧の中に万葉仮名で振り仮名をするものが現れた。その方法は、本来の漢字を省略形に改造したものであった。

たとえば「伊」の偏の部分「イ」だけを使う。同様にして「奴」の旁《つくり》の部分の「ヌ」だけ。字の上部の

「ウ」だけ。「米」の真ん中の「メ」だけを使う。この省略形の万葉仮名のことを**片仮名**《カタカナ》と言ったのである。正倉院に残っているお経にはこのカタカナによる振り仮名の書き込みがあるという。片仮名はあくまで便宜的な文字であり、公式、正式な文字にはならなかった。経や漢文を訓で読み下す補助記号ないしは文章を書き起こす文字にとどまっていた。

理由は、官吏《かんり》登用試験や遣唐使の選抜に、ずっと漢詩と漢字が使われ続けたからである。なお、官吏や遣唐使に選抜されるのは男だけである。女性たちは漢字文化から取り残されていた。ということは逆に言えば、漢詩や漢字にとらわれる必要がなかったということである。当時の女性たちは簡単に歌や恋の手紙をやり取りできる文字を求めていた。感情を声で表し、耳で聞くだけではなく、目で見える形にしたいという欲求が女性だけでなく女性に手紙の返事を書く男性一般にも広がっていた。

このときに着目されたのが奈良時代末から使われていた**万葉仮名の崩し字**であった。たとえば、「安」の字を崩して「あ」をつくった。

漢字を崩した平安時代の文字には**草**と**女手**《おんなで》の二種類がある。**草は漢字を行書、草書に崩した文字**である。行書、草書によって文字表現は一層人々の間に広まっていった。**女手とは行書、草書をさらに簡略化した仮名文字**である。これを使ったのは主に女性である。だが、やがて男子の間にも広まった。女手は漢字の省略と簡略化により習いやすく使いやすかった。このことから、当時の人々はこれを仮名（かんな）と呼んだ。「かんな」とは仮り名で、名とは文字のことである。それが平安時代に定着した。源氏物語、枕草子はこの仮名（女手）文字で書かれたのである。ある意味で、ひらがなによる女性文学の出現は漢文中心の男性社会への一撃といえる。紫式部や清少納言はひらがなによる文化、社会運動を起こした。女性解放運動のはしりとこれを評価してもいいだろう。

仮名に対して**漢字は真名**（本当の文字）という。**公的な文書にはすべて真名が用いられ、仮名は私的な手紙などに用いられた**。仮名は抽象概念の表現には不向きであるが、感情表現には力を発揮した。

仮名の普及は**紀貫之**《きのつらゆき》に負うところが大きい。彼は最古の勅撰集**古今和歌集**を編纂《へんさん》するにあたって仮名を採用したのである。そして、漢文の序文とともに仮名の序文も書いた。これによって仮名は正式な文字の仲間入りをした。後年紀貫之は**土佐日記**も仮名で書いている。その後仮名の普及に貢献したのが**藤原定家**である。彼は仮名文字による歌づくりの表記の原則を定めた。そして歌づくりを通して仮名文字と仮名づかいが飛躍的に普及し、確実に仮名は正式な文字の地位を獲得していった。

こういう経過を経て、やまとことばを源流とする日本語の表記法は成立した。つまり、日本人は初めて喜怒哀楽を文章化できる独自の文字を漢字の崩し、ひらがなによって獲得したのである。

2　公用文には漢字が使われた

ところで、仮名は機能としては**表音文字**である。表音文字とは一字一音で使われる文字である。基本的にアルファベットと同じだ。やま（山）、うみ（海）、みとめる（見止める、認める）というように音（音節）を組み合わせて言葉をつくる。

やまとことばは山や海、田など短い音節で表すものには不自由がない。複雑なこと、たとえば漢字の「恋愛」に当たるような陰影のある感情、論理などを言い表すのが厄介《やっかい》である。やまとことばの少ない語彙、単純な意味表現機能では難しい。恋愛については「男と女が双方で慕いあうこと」というように多数の音を使って言わなければばならない。やまとことばで書かれた源氏物語がだらだらした文体をもっているのはそのためである。また、たとえば「承認」を言い表そうとすれば、やまとことばでは「申し出を聞き入れること」というように長い音節で言わなければならない。

「日本」という国名も漢字では二字であるが、やまとことばで表すと「トヨアシハラノイチイホアキノナガイホアキノミヅホノクニ」となる。神武天皇は「ハツクニシラススメラミコト」である。

このようにやまとことばの表音文字としての仮名は表現効率の悪い語法なのである。

このため奈良、平安時代から江戸時代までないしは明治に至るまで文字の主流は**漢字**だった。政治や歴史、思想の記述、抽象的な概念や論理的表現、公式文書の作成など知的営為には、表意文字である漢字が欠かせなかったのである。

漢字は二字、三字、四字と組み合わせると意味が飛躍的に拡大する。「みとめること」「ゆるすこと」を意味する「認」の字に「証、承、可、識、是、公、確」といった字を組み合わせるだけで、ボキャブラリーが幾何級数的に増大する。新しい意味をいくらでも盛り込めるのである。表音文字のやまとことばは、その点単なる足し算構造であり、掛け算的に新しい言葉をつくることも、意味を広げることも無理なのである。これが今日まで漢字主体の漢文系文体と仮名文字主体の和文系文体が日本語の中で並存してきた理由である。

今まで述べたことを整理すると、**縄文以来の話し言葉であるやまとことばはひらがなで表す、抽象概念や思想等の表現は漢字で表す、英語等の外来語はカタカナで表す**。これが今日の日本で使われている文字表記のスタイルである。

学習のポイント

○ひらがなは女性の表現欲求を満たすためにつくられ、それが男性中心の支配層の漢文脈と合流しつつ日本語と日本文化が形成された。源氏物語や枕草子は女性の文化・社会運動のはしりといえる。

○奈良平安の昔から明治まで漢文が公用文として使われた。役所の言語文化が権威ばり堅苦しいのはその名残りである。

○縄文以来の話し言葉であるやまとことばはひらがなで表す。抽象概念や思想等の表現は漢字で表す。外来語はカタカナで表す。これが今日の日本語表記のスタイルである。

第3章

漢字熟語が日本語を発達させた

月　日（　）

1　漢字の六つの成り立ち

漢字はおよそ四千年前、中国の蒼頡《そうけつ》という人が鳥や獣の足跡から考えついたと伝えられているが、伝説に過ぎないともいわれる。ただ、文字の発明はエジプトやメソポタミアなどでも、たいてい神の言葉の表現、伝達を契機とする。骨を焼いて現れる模様を読む占いも模様に特定の意味をもたせるという意味で表意文字の始まりといえる。それがやがて皇帝や王の宗教儀式や偉大な事跡の記録のための絵文字や符号と合体し、体系化されていく。絵は事柄を詳細に描きこむことによって記録性や物語性を帯び、メッセージの伝達機能を果たす。その段階で少しずつ文字が立ち現れてくる。

漢字という呼び名は「楷書」ができ上がったときの王朝の名前が、漢だったからである。

記録に残る漢字の起源は三千年以上昔の殷《いん》の時代に遡る。殷では、亀の甲羅や獣の骨を熱してひび割れをつくり、その模様で占いをした。それを行ったのは皇帝や王や占い師である。占いの結果はそのとき用いられた甲羅や骨に刻み記録された。これが甲骨文字として残った。甲骨文字をもとに金属器に彫られた金文《きんぶん》や均一な線で描かれた篆文《てんぶん》がつくられた。やがて紋様や絵ではなく線と画によって字がつくられ、漢字文化は飛躍的に発達した。漢の時代には統一的な現代の楷書が成立し、その文化の勢いが日本にも波及したのである。

漢字は成り立ちによって次の**六種類**に分けられる。

①象　形

ものの形を描いた絵が原型になってできた文字。たとえば「人」「子」「目」「川」「山」など。鳥の形の絵が「鳥」という字になったことはよく知られている。これらは「もの」に関する文字であるが、むろん「こと」に関する象形文字もある。たとえば「色」という字はひざを曲げてかがんでいる人の形を上下に重ねた絵柄でできている。男女が地上で抱き合い、愛し合っている場面を図形化したものと言われている。色という字形は愛し合う「こと」を表現している。「学」の字も原型となった字は家の中で礼儀作法を教える人と教えられる人の手が交わることを図形化したもの。子供が屋根の下（家の中）で真似をする「こと」を表した象形文字である。

②指《し》　事《じ》

形に表しにくい事柄を点や線を組み合わせて表したもの、あるいは象形文字に点や線を加えたもの。たとえば「一」「二」「上」「下」「天」「刃」など。

③会《かい》　意《い》

指事文字や象形文字を組み合わせて新しい意味を表したもの。たとえば「明」（日と月）、「林」（木と木）、「岩」（山と石）など。

④形　声

意味を表す漢字（意符）と発音を表す漢字（音符）とを組み合わせたもの。漢字の中ではこれが一番多い。たとえば「晴」（日と青）、「問」（口と門）など。

⑤転《てん》　注《ちゅう》

元の意味から変わって別の意味に使われるようになったもの。たとえば「楽」（もとは音楽の意味で音楽は楽しいというふうに使われていたが、やがて楽しいだけにも使われるようになった）。

⑥仮《か》　借《しゃ》

意味に関係なく発音だけを借りて別の言葉を表すもの。たとえば「豆」。これは「トウ」と読み、祭りのときに使う食物を盛る器のことだが、その読みを借りて同じ音のトウ（まめのこと）を表すようになった。

2　音読みと訓読みの関係

たとえば「命」という字は「メイ」「ミョウ」「いのち」という三通りの読み方がある。前二者を音読《おんよ》み、「いのち」を訓読《くんよ》みという。「山」という字では「サン」が音、「やま」が訓である。

音は中国での漢字の本来の読み方である。「人」を「ジン」「ニン」と読むのも音読みである（現在、音はカタカナ、訓はひらがなで表記することになっている)。

訓は、漢字をその意味に相当する日本語（和語）で発音した漢字の読み方である。たとえば「人」という漢字はやまとことば（和語）では、「ひと」を意味する。そのため「人」という漢字をやまとことばで「ひと」と読んで使った。「川」という漢字も同じ。音読みでは「セン」であるが、センは和語では「かわ」のことなので川の字をそのままあてて使った。

しかし、漢字と和語はすべて一対一対応にはならない。日本社会にその観念や現実的実態が存在しないものがある。それは、漢文の読みのまま使われた。たとえば「愛」という字には訓読みがない。これは日本には「愛」という観念がなかったからである。

逆に、漢字の意味が、日本語の単語を複数含むことがある。このような場合は訓読みがいくつも発生する。たとえば次のような例がある。

○上→うえ、うわ、かみ、あげる、あがる、のぼる

○生→いきる、いかす、いける、うまれる、うむ、はえる、き、なま

これを**異字同音**（または同音異字）という。

これに対して複数の漢字が同一の訓をもつのを**異字同訓**（または同訓異字）という。次のような例がある。

○おさめる→収、治、修、納

○あつい→熱、暑

これらは読みは同じでも意味が異なる文字である。たいていの漢字は音読み、訓読み両方の読み方があるが、中には「茶」「気」「菊」などのように音読みしかないものもある。

3　熟語の組み立てと読み方の基本

二字以上の漢字で組み立てられた言葉を**熟語**という。

二字熟語の組み立ては上下の文字を音で読むか、訓で読むかによって**四つのパターン**に分類される。

①**【訓—訓】**　旅路、若葉、砂場、宿屋など。

②**【音—音】**　平和、戦争、政治、芸術、先祖など。

③**【音—訓（重箱読み）】**　親身、王様、両足、銀色、本物など（重箱が音訓読みであることから重箱読みという）。

④**【訓—音（湯桶《ゆとう》*読み）】**　場面、消印、金具、内幕、手本など（湯桶が訓音読みであることから湯桶読みという）。

*湯桶　そば湯を入れてそそぐもの。

また、意味は異なるが発音が同じ二字熟語がある。たとえば、「愛称」と「愛唱」である。このように意味の異なる熟語で発音が同じものを**同音異義語**という。

二字熟語の組み立てには、先に述べた読み方による四パターンのほかに次の**九パターン**がある。

①**【同じような意味の語を重ねたもの】**　身体、河川、道路、尊敬、生産、暗黒、巨大

②**【同類の語を重ねたもの】**　風雨、日月、飲食、草木、土砂

③**【意味の対立する語を重ねたもの】**　天地、心身、海陸、愛憎、善悪

④**【主語、述語の関係になるもの】**（……が……する）　雷鳴、日没、国営

⑤**【下から上に返って「―を―する」「―に―する」と読むもの】**　読書、落命、登山、乗車

⑥**【上から下へ「―を―する」と読めるもの】**　心配、米食、肉食

⑦**【上が下を詳しく説明するもの】**　深海、流星、深謝

⑧**【上が下の語を打ち消すもの】**　非常、非力、不幸、不明、未知、無力、無効

⑨**【下に的（のような、―らしい）、然（―のようなありさま）などがついて意味を添えるもの】**

私的、公的、公然、平然

4　日本語に同音異義語が多い理由

日本語は同音異義語が多いのが特徴である。たとえば「開放」と「解放」などは、聞きとりやワープロ

変換に苦労する。それは、やまとことばのシンプルな音節構造のためである。やまとことばの音節の数は「イロハニホヘト……」「あいうえお……」「がぎぐげご……」「じゃ、じゅ、じょ……」などをあわせても百程度しかないうえに、母音がわずかに五つである（かつては「ゐ」「ゑ」などがあったが整理統合されてしまった）。

一方、中国語は母音、子音が無数にあり、「あ」ひとつとってもたくさんの変化が発音にある。それら一つ一つの発音の区別が中国人はつくのである。単調なやまとことばの発音に慣れた日本人には、区別がつかない。「雨」も「飴」も「天」も同じにしか聞こえない。そのため一括して「あめ」でまとめてしまったのである。これが同音異義語が多くなった理由である。

中国漢字では別の音でありながら、日本語ではまったく同じ音になり、同音異義語になってしまった例を次に掲げる。

○きこう――奇行、帰校、奇行、機構、気候、寄稿、紀行、貴校、貴公、気功、季候
○こうし――格子、講師、公私、厚志、公子、嚆矢、公使、高士、皓歯、後肢
○せいか――成果、生花、青果、盛夏、生家、聖歌、製菓、聖火、正価、声価

こういう同音異義語は耳では混同するが、目で追う場合は文脈から意味の違いが読める。混同されやすいのは、次のような意味の近い同音異義語である。

○意志・意思　○科学・化学　○私立・市立　○特徴・特長
○移動・異動　○規定・規程　○企業家・起業家　○夫人・婦人
○解放・開放　○市政・市制　○追及・追求・追究　○思考・志向

この中で特に私たち日本人にとって紛らわしいのは「私立」と「市立」、「科学」と「化学」だ。実際に使う時には「わたくしりつ」「ばけがく」などと言い換えている。

英米語やドイツ、フランス語も中国語と同様母音、子音、拗音、促音、吃音が多い。似た発音の言葉でもそこに鳥の声のような微妙な変化がある。それを聞き分ける耳と発音する舌がそれらの国の人々にはある。ＬとＲ、ＢとＶの区別などどうでもいいように私たちは思うが、大きな違いがあるのだ。

次は、筆者が初めて国際線の飛行機に乗ったときのエピソードである。英国人スチュワーデスが来て何か言った。カー、チーと言ったみたいだが、聞きとれなかった。聞き返す。言う。しかし、何度聞いても小鳥のさえずりにしか聞こえない。コミュニケーションは完全に断絶した。困り果てたスチュワーデスは日本人スチュワーデスを呼びに行った。日本人スチュワーデスは「お茶とコーヒーのどちらにいたしますか」と聞いた。なんだ、である。最初からゆっくり、クリアーにそう言ってくれればすぐにわかったのに、とんだ恥をかいた。

それにしてもネイティブな発音は「コーヒー」と「ティ」が聞き分けられないほど子音と母音がからみ

あって微妙である。まさに危険を知らせたり、蜜のあり場所を音の変化一つで教えたりするめじろやミツバチのコミュニケーションのレベルである。英国人女性の「チー」が印象的で最初に鳥の声と思ってしまったから、後は何を聞いてもわからなくなった。文法と文章解釈ばかりやっている日本人が、英会話を苦手とする理由がわかった。耳の訓練が足りない。

5　間違いやすい同音異義語

次に挙げるのは間違いやすい同音異義語である。使い分けがしっかりできるかチェックしてみよう。

□**意思**→考え、意見の表示。
意志→ある行動を起こさせる心的機能。
□**異同**→不一致と一致、つまり相違点のこと。
異動→人事の配置換えを表す。
移動→移り動くこと、ものの位置が変わること。
□**運行**→定期路線を列車やバスが走ること。
運航→船が決まった航路を進むこと。
□**改定**→料金などを改正すること。
改訂→教科書や出版物の内容を修正、刷新すること。
□**解答**→問題を解いて答えを出すこと。
回答→質問、要求などに対する返事。
□**解放**→束縛を解いて自由にすること。
開放→ドアなどを開け放つこと。
□**機械**→エネルギーを有用な仕事に変形する器具で人力以外の動力による複雑で大規模なもの。
器械→道具や人力による単純で小規模な器具。

□**共同**→二人以上のものが力を合わせること。
協同→心と力を合わせ、助け合って仕事をすること。
協働→対等の資格で協力して働くこと。
□**原形**→もとのかたち。
原型→鋳物やものごとの型、源。
□**採決**→議長が議案の可否を問い、採否を決定すること。
裁決→理非を裁断して申し渡すこと、行政庁が判断を与える行為。
□**最後**→もっとも後ろであること、おしまいの時点。
最期→臨終、命の終わるとき。
□**時期**→期間、何かをするとき。
時機→適当な機会、チャンス、頃合い。
□**実態**→実情、実際の有様。
実体→正体、実質。
□**辞典**→辞書、言葉を集めて解説したもの。事典、字典と区別して「ことばてん」という。
事典→事柄を表す言葉を集めて解説をしたもの。百科辞典。辞典、字典と区別し「ことてん」という。
字典→漢字を集めて解説したもの。字書。字引。辞典、事典と区別して「もじてん」という。
□**収集**→あちこちからいろいろ集めること。
収拾→混乱した事態をととのえおさめること。
□**趣旨**→あることを行う目的や理由。
主旨→文章や発言の主な意味。
□**受賞**→賞を受けること。
授賞→賞を授けること。
受章→勲章などを受けること。
授章→勲章などを授けること。
□**小額**→紙幣などで額の小さなもの。
少額→ささやかな金銭の寄付など。
□**食料**→食べ物、食材。
食糧→主として主食物。
□**侵入**→無理に入り込むこと。

浸入→水などが入り込むこと。
□**清算**→貸し借り、財産関係、過去の関係などにはっきりした結末をつけること。
精算→運賃などを計算して過不足などを処理すること。
□**絶対**→他に並ぶもののないこと、他との比較、対立を拒絶していること。
絶体→絶体絶命の場合に使う。「絶体」という二字熟語はない。
□**追求**→幸福や利益などを追い求めること。
追及→犯罪などを追い責めること。
追究→学問などをきわめること。
□**特徴**→他と異なって特別にめだつしるし。特色。
特長→特に優れたところ、長所。

□**微小**→生物などできわめて小さいこと。
微少→損害などきわめて少ないこと。
□**必死**→全力を尽くすこと。
必至→必ずそうなること、必然。
□**保障**→障害のないように保つこと。侵されたり、損なわれたりしないように守ること。
保証→品質、人柄など確かだと請合うこと。
□**野生**→自然に山野に生育すること。
野性→自然、本能のままの粗野な性質。
□**路地**→門内、人家の間の狭い通路。
露地→覆いのない露出した地面。

6　三字熟語、四字熟語は世界一小さな物語

三字熟語は二字熟語に一字重ねたものである。たとえば「衣食住」「水源地」。**四字熟語**は二字熟語を二つ重ねたものが大部分である。たとえば「東西南北」「百発百中」「新旧交代」。

漢字は組み合わせることにより、ボキャブラリーが飛躍的に増え、言葉の表現領域、意味の深みが増すことは先に述べた。メリットはそれだけではない。小さな物語一つ分くらいの内容が、そこに凝縮され、文章にはめ込むだけで広大な観念を表現できるのである。複雑な方程式を簡略な記号に置き換えて因数分解するような略式代入効果がある。世界一小さな物語の記号化ともいうべき表意文字の強みである。

(1) 行政マンが覚えておきたい三字熟語

□**綺《き》羅《ら》星《ぼし》**　立派な身なり、名のある人が居並ぶありさま。もとは「綺羅、星の如し」である。平家物語には「綺羅充満して、堂上花の如し」とある。綺羅は、あやぎぬとうすぎぬのこと。美しい華やかな衣装をつけた人に意味が転じ、やがて綺羅星の如くとなり、綺羅が星を形容する使い方へと変化した。

そして星が主役になってしまった。

□**合衆国**　United States の訳語。合州国でもほぼ同じ意味であるが、明治人は合衆にアメリカの国づくりの理想を見た。合衆は民衆を一つに合わせまとめるという意味。君主制ではなく民衆の連合した国家への共感を込めて合衆国という表記にした。

□**海水浴**　海で泳ぎ遊ぶこと。和製漢語である。中国語の浴水（泳ぐ）に習った造語。水浴、日光浴もやはりこれに習った和製漢語。さらに近年では森林浴というようになった。今、中国では海水浴、日光浴、森林浴を日本から逆輸入して使っている。

□**御曹司**　古代貴族、堂上家《とうしょうけ》の部屋住みの子弟の尊称である。曹司は役所の意味。日本では官吏、官女が詰める部屋をいう。貴族の子弟に与えられた部屋の意味でもあることから御曹司と「御」をつけた。平家の公達に対して源家の嫡流の子息の敬称としても使われた。現在は名門、知名人、金持の子弟を指すことが多い。

□**園遊会**　庭園に客を大勢招いてもてなす祝賀や披露等の会のことである。十九世紀にイギリスでガーデン・パーティとして始まった。中国では遊園会という。遊園は花園、庭園のことである。日本では大隈重信が明治十六年に遊園会を開催したのが最初である。いつの間にか園遊会となった。内閣総理大臣や知事が名のある庭園で主催する年中行事ともなっている。

□**安息日**　キリスト教などの休日をいう。安息は安らかに憩う意味。明治に中国経由で入ってきた。キリスト教ではイエスの復活の日である日曜日、ユダヤ教では金曜日の日没から土曜日の日没までが安息日で一切の業務労働を停止して神の安息に与る。カトリックでは「あんそくじつ」、プロテスタントでは「あんそくにち」と読む。辞典には「あんそくび」も出ている。

□**青天井**　青空を天井に見立てていったもの。家屋の梁下に張った板を天井という。井は方形の井桁で井戸の上部の木組みのことである。青空は果てしなく高いことから今は株価や物価が上がることを青天井と比喩的に使う。

□**義捐金**《ぎえんきん》　慈善のための寄付金をいう。義捐は「義として捐《す》つ」と読む。捐には惜しげもなく金を投げ出して人を助ける、という意味がある。現在は義援金と書いているが、常用漢字表に入っていないためである。なお、「援」には惜しげもなくという意味合いはない。

□**下馬評**《げばひょう》　当事者以外の人が勝手に噂や批評をし、いろいろ取りざたすること。江戸時代城の門前には下馬と書いた札が立っていた。これを下馬先と言った。主人の帰りを待つ間従者たちは下馬先で互いの主人について噂話をした。これが下馬評である。中国で人物の品定めを月旦評というのにならったものである。

□**紅一点**　中国の詩に「万緑叢中紅一点」とある。青葉の中に一輪の赤い花が咲いている意である。唯一つ異彩を放つもののたとえであり、これが転じて男たちに混じるたった一人の女性を指すようになった。その後つまらぬものの中の優れたものの意味にも使われるようになった。

□**松竹梅**　松と竹は冬にも枯れない。梅は寒さの中で花開く。このように冬の寒さに負けない植物なので古来中国では歳寒の三友と呼び、多くの絵に描かれた。堅固な友愛の象徴としても松竹梅は愛好された。日本ではこの友愛の意味が抜け、めでたさと格づけの象徴になってしまった。

□**不如意**　思い通りにならないこと。意の如くならないものをいう。死は意のとおりにならない最大なもの。中国では不如意は死を意味した。日本人は思い通りにならないのはお金と考える。手元不如意といえばお金がないことである。ある年配の作家が「手元不如意でねえ」と言うところに立ちあったことがある。飲み代が払えないことを暗示したのである。喜んでたてかえたが、なんだかすばらしいコミュニケーションをしたような嬉しい気持ちになった。

□**偏執狂**《へんしゅうきょう》　一つのことに異常にこだわる人のこと。偏執は自分の考えに固執《こしゅう》するという意味の漢語。モノマニアな性格を表すために明治人は狂の字をつけた。露出狂、色情狂、収集狂なども同じ発想。現在中国でも偏執狂というが、日本からの逆輸入語である。なお、狂の字は、使い方で差別語になる。

□**忘年会**　一年の苦労を忘れるための宴会。年末、年忘れとして行う宴会。忘年とは年齢を忘れて付き合うことである。中国の後漢末に書かれた『初学記』という本に、二十歳の男と五十歳の男が年を忘れて付き合ったことが書かれている。ここから忘年の交わりという言い方が生まれたという。明治以前の日本には「年忘れ」の風習があった。明治になってから忘年会という漢語表現になった。

(2) 行政マンが覚えておきたい四字熟語

□**四面楚歌**《しめんそか》　前三世紀末、秦の始皇帝*の死後楚王の項羽*と漢王の劉邦*が天下を争った。楚軍を囲んだ漢軍は劉邦の策略でいっせいに楚の歌をうたった。これを聞いた項羽は楚が占拠され孤立無援に陥ったと勘違いし、玉砕した。ちなみに虞美人草の虞美人は項羽に付き従っていた女性の名前。喉を突いて自殺し、血の滴《したた》った地面から花が咲いたという。

この故事から四方を敵に囲まれ孤立無援の状態をいうが、四面楚歌に陥らないように普段から人に優しくし、また心から信頼できる友人をつくることが大事だ。

***秦の始皇帝**　秦の第一世皇帝。列国を滅ぼして、前二二一年中国史上最初の統一国家を築き、自ら始皇帝と称した。
***項羽**　秦末の武将。秦を滅ぼして楚王となった。のち劉邦と覇権を争い、垓下に囲まれ、烏江で自刎。
***劉邦**　前漢の初代皇帝。秦末に兵を挙げ、漢王になる。後に項羽と争い、前二〇二年これを垓下に破って天下を統一。漢朝を成立。

□**漁夫之利**《ぎょふのり》*　『戦国策』という中国の古典にある寓話が出典。ハマグリが口を開いて日向ぼっこをしているとシギが身を食べようとくちばしを差し入れた。ハマグリが口を閉じたので、シギはくちばしが抜けなくなった。「くちばしを放さないとお前は干からびて死ぬぞ」とシギは脅したが、「その前にお前が飢えて死ぬ」とハマグリは譲らなかった。そこへ漁師がやってきてシギとハマグリを捕まえた。

前三世紀の戦国時代、蘇代《そだい》という人がこの寓話を引き合いにして趙王の隣国攻めをやめさせた。このことから、対立して争う間に第三者が利益を独り占めにすることを漁夫之利というようになった。これをヒントに逆に他人同士を争わせれば利益を得るチャンスが生まれるという考えが生まれた。

＊戦国策　中国、戦国時代の縦横家が諸侯に述べた策略を、国別に集めた書。漢の劉向の編。

□他山之石《たざんのいし》　『詩経』＊の「他山の石、以って玉を攻《おさ》むべし」が出典。ただの石でも玉をみがくのに役立つという、金銀より玉を尊ぶ中国らしい言葉。そこからつまらない他人の言行なども自己啓発に役立つ、教訓にするという意味に用いるようになった。逆に言えば他山の石の例に挙げられた方は、迷惑というもの。

＊詩経　五経の一。中国最古の詩集。孔子の編といわれる。殷の世から春秋時代までの詩三百十一編を三部門に大別。

□温故知新《おんこちしん》　孔子＊の『論語』＊が出典。これは「故《ふる》きを温めて新らしきを知る。以って師となるべし」という意味である。歴史に学び、ヒントを得て現在の問題を解決するようでなければ人の師、上司になれないという心得を述べたもの。ただ、先輩だ上司だと威張っても仕様がないのである。

＊孔子　中国、春秋時代の学者・思想家。儒家の祖。古来の思想を大成、仁を理想の道徳とし、孝悌と忠恕とを以って理想を達成する根底とした。魯に仕えたが容れられず、諸国を歴遊して治国の道を説いたが、用いられず、教育と著述とに専念。その面目は言行録『論語』に窺われる。

＊論語　四書の一。孔子の言行、孔子と弟子・時人らとの問答、弟子たち同士の問答などを収録した書。

□無用之用《むようのよう》　出典は中国の戦国時代の思想家荘周＊（荘子ともいう）の著書『荘子』である。「人みな有用の用を知るも、無用の用を知るなし」とある。役に立たないものも大いに存在意義があると主張する。むしろ役に立たないと思われるものほど役に立つという考えに立つ。お椀やビンは中のからっぽが有用であるという。

詩や絵画、書、花なども似ている。何の役に立つのかと問われると、答えるのが難しい。それがなくても誰もすぐには困らない。経済に対して文化は虚、無用のものである。だが、それが私たちの元気のもとになっていることも確かだ。人の心の糧になるのは小説や歌、娯楽などだ。文化によって心が励まされる。「人が大地に立つには足を置くところだけあればよいが、そこだけ残して他を削りとってしまったら立っていられない」とも『荘子』にある。

物と心のバランスの上に人間社会は成り立っていることを二千年以上前の人が知っていたということに驚く。逆に言えば二千年以上前から、人間はともすれば実用だけを重んじる癖があったということだ。ある意味では行政、役所も無用の用である。なければこれに越したことはないが、本人の責任ではない様々な事情により落伍し、路頭に迷う人を誰が救うのか。行政がなければ、飢え死に、病死する人がたくさん出る。今、元気な人もいつ生活保護の厄介になるかわからない。無用の用の最大が役所だろう。

＊荘周　戦国時代の思想家。老子とともに道家の代表者である。『荘子』を著したとされる。

□酒《しゅ》池《ち》肉林《にくりん》

出典は司馬遷＊の『史記』＊。紀元前一一〇〇年ごろ甲骨文字で知られる殷王朝が栄えた。絶対権力者紂《ちゅう》王＊が妲己《だっき》という女性を愛して贅沢三昧、国政をかえりみずに淫楽に耽った。「酒を以って池となし、肉を懸けて林となし、男女をして裸にてその間に相遂《あ》わしめ、長夜の飲をなす」

権力、特に長期政権は必ず腐敗するといわれるが、権力行使の第一線にいる公務員も油断は禁物だ。

なぜなら終身雇用という「長期政権」についているからである。志を忘れればすぐに腐る。

＊司馬遷　前漢の歴史家。武帝のとき、太史令となり、自ら太史公と称した。父の志をついで『史記』百三十巻を完成した。
＊史記　二十四史の一。黄帝から前漢の武帝までのことを記した紀伝体の史書。司馬遷著。
＊紂王　殷王朝最後の王。妲己を愛し、酒池肉林に溺れ、虐政のため民心が離反したといい、周の武王に滅ぼされた。

□巧言令色《こうげんれいしょく》　『論語』の中の言葉だ。「巧言令色鮮《すくな》し仁」とある。巧言は口がうまいこと。令色の令はよいこと、色は表情や容姿、態度をいう。つまり令色は顔つきのよいことである。口がうまくうわべをつくろう人には徳のある善人は少ない、気をつけろという教えだ。「仁」は孔子が最も重視した徳目で、優れた人格をいう。上に立つ者はいい顔ですり寄ってくる部下の本心がどこにあるか、見破らなくてはいけない。

□剛毅朴訥《ごうきぼくとつ》　剛毅は強いこと、朴訥は飾り気のないことで巧言令色の逆である。「剛毅朴訥は仁に近し」と孔子は言い、そういう人は自己抑制と他者への思いやりをもったいわゆる仁者に近い存在だと述べている。近いというのは剛毅朴訥、剛直だけではむしろ非常識な振る舞いに及ぶことがあり、周りに迷惑がかかる。学問、教養が備わらなければ真の仁者ではないという意味だ。幕末の西郷隆盛などはほぼ仁者といっていいだろう。職場でも一人は欲しいタイプだ。

□喜怒哀楽《きどあいらく》　儒教の教えを書いた中国古典『礼記』の中に、喜怒哀楽が外に表れない状態を「中」といい、節度よく表れた状態を「和」というとある。中庸の大事さを説いたものだ。喜び、怒り、悲しみ、楽しみを「和」のバランスで外に出すことは、至難のワザである。というのは、感情は時に爆発し、時に凍りつくからだ。ほどほどという自己コントロールができれば、人間として達人である。

家族や職場の付き合いなど人間関係はこの喜怒哀楽の色模様ででき上がっている。自分のそれ、他者のそれに常に配慮し、調和のとれた色模様を保たなければならない。これは、現代的な意味では特に公務員に求められる心の姿勢ではないか。住民の喜怒哀楽がわかって初めて、血の通った行政ができる。

□日東月西《にっとうげっせい》

後漢時代、蔡琰《さいえん》という娘がいた。未亡人となり、実家に戻っていたときに戦乱が起こり匈奴によって北の草原に連れ去られ、匈奴王の側室にさせられた。二人の子供を生んだが、十二年後に救出され中国に帰る。だが、十歳に満たない二人の子供を胡地においてきた。その引き裂かれた心のたけを「思いは茫々たり／我と児と各《おの》おの一方にあり／日は東に月は西に　徒《いたづら》に相望み／相随うを得ず空しく断腸す」と詩に書いた。以来、子は西、母は東に遠く隔たって会えないことを日東月西《にっとうげっせい》というようになった。

日本には柿本人麿の「東の野にかぎろひの立つ見えて　かへり見すれば月傾きぬ」や蕪村の「菜の花や月は東に日は西に」という文学作品がある。ここには遠大な風景感覚はあるが、蔡琰の東西に引き裂かれた心の悲痛な距離感はない。そのために、実にのんびりした読後感が広がる。しかし、この二つの歌も究極は「別れ」が主題である。別れがなければ、人は歌など書かない。

近年の国際化により地理的空間が拡大し、島国日本でも「日東月西」の事件が起こり、国境を越えて時々悲しみの虹のかかる話が報道される。

□**水中捉月**《すいちゅうさくげつ》　水に映った月をとらえるという意味だが、それはもとより不可能、そのための努力は無駄。空しい努力はするな。結果の出る目的をもてということでもあるが、この言葉にはもう一つ、意味がある。川でも池でも田でも水のあるところにはすべて月が映る。杯や金魚鉢の水にも映る。水さえ張られてあれば、水を入れる器の大小や形、場所に関係がない。水中月は物に応じて形を現す仏の心の如し、というような意味のことを、禅僧道元が『正法眼蔵』の中で言っている。公務員は仏ではないけれども住民の要求に応じてパブリックマインドを表さなければならない。公務員は水であってどういう場合でも住民という月を映さなければならない。

□**気韻生動**《きいんせいどう》　中国では五、六世紀にかけての六朝時代、画論が盛んになった。気韻生動は謝赫《しゃかく》という画家の画論『絵画六法』の中にある言葉である。気は宇宙に充満している目に見えない力、韻は音の調和と響き。気韻は絵画が発散する力を意味する。生動は溢れる生命力をいう。絵はそれらを備えていなければならないとは横山大観も言っている。絵に限らず、人の姿、人格的風景にも気韻生動は不可欠だ。生き生きしている人のすることには気韻生動がおのずから伴う。

□**泣斬馬謖**《ないてばしょくをきる》　馬謖は後漢滅亡後魏、呉、蜀の三国が鼎立したいわゆる三国時代の蜀の将軍である。戦略の天才諸葛孔明*が特別にかわいがった部下でもある。ところが、孔明の命令に背いて彼は甘粛《かんしゅく》省の街亭で陣を敷いたため、魏の軍に大敗した。かわいがっていた部下であるが、孔明は軍令違反の責任をとらせ、馬謖を斬った。ただし、斬りっぱなしではない。小説『三国志』では遺族の生活の面倒を見たとある。この故事にならって私情を殺して公正、厳粛な処分を行うことを泣斬馬謖というようになった。最近では石原慎太郎東京都知事が議会の百条委員会で発言が偽証と認定された腹心の副知事を辞めさせたときに使った。

＊諸葛孔明　三国時代、蜀漢の丞相。劉備に臣事して蜀漢を確立した。劉備没後、その子劉禅をよく補佐し、有名な出師表を奉った。五丈原で、魏軍と対陣中に病死。

□飲水思源《いんすいしげん》　中国の砂漠地方では水は貴重品である。「水を飲むときは井戸を掘った人のことを忘れない」という諺があるくらいだ。この諺のもとが飲水思源である。北周の詩人庾信《ゆしん》の『徴調曲』という詩の中の言葉だ。「その実を落とす者はその樹を思い、その流れに飲む者はその源を思う」とある。都市の水は奥深い山の水を引いてきている。米、野菜、肉や魚にしてもそれを生産する人がいる。このことを都会人は常に思うべきである。行政マンはこのことを不断に住民に知らせるべきである。

□先憂後楽《せんゆうこうらく》　中国の宋時代に范仲淹《ちゅうえん》という大臣がいた。政治家や官僚のあり方を説いて「天下の憂いに先んじて憂え、天下の楽しみに後れて楽しむ」と言ったことが『岳陽楼記』という本に出ている。江戸の水戸藩徳川家の庭園、また岡山藩の池田家の庭園の名称はこれからとった。帝王学に出てくるこの精神は、その気になれば誰でも実行できる。住民のことを先に考える。同僚の仕事に進んで協力するといったことだ。これも広い意味の先憂後楽である。

□**十日之菊**《とおかのきく》　陰陽思想では奇数を陽、偶数を陰とする。旧暦の九月九日は九が重なるので重陽節といい、長寿を願ってお祝いをした。この九月は今の十月にあたり、菊の一番きれいな季節である。菊は重陽節のシンボルとして九日には菊を囲んで人々が大騒ぎをした。ところが翌日の十日には見向きもしない。たった一晩しかたっていないのに、である。このことから人の心の変わりやすさを十日の菊といった。日本では旧暦五月五日を端午の節句とし、アヤメをそのシンボルとする風習がある。「六日のアヤメ、十日の菊」といったりする。選挙が終われば政治にも地域行政にも無関心、入試に通れば勉強しない、施設をつくれば利用状況の追跡をしない。六日のアヤメ、十日の菊は一年を通して咲いている。

□**禍福無門**《かふくもんなし》　幸福や禍はそれを招く門があるわけではなく、結局は自分が原因をつくり招きよせるものだという自己責任を意味する言葉である。魯の公弥《こうび》という人物が跡目争いで家老の陰謀により地位を落とされたとき、怒って家に閉じこもってしまった。そのとき閔子馬《びんしば》という人物が、そういう処遇をされるのは普段の行いの結果だ、自分自身のせいであると諫《いさ》めた。以後公弥は言動を改め父によく仕え、繁栄したという。「禍福は偶然ではない、必然の結果である」と一律にはいえないのが現代社会である。ただし、福については原因をつくる努力が不可欠。これは真理である。

□**訥言敏行**《とつげんびんこう》　『論語』に「君子は言に訥にして、行に敏ならんことを欲す」とある。訥は言葉がすらすら出ないこと、敏は事を素早く処理すること。つまり言葉より実践が大事だといっている。「君子はその言のその行に過ぐるを恥ず」という言葉もある。朱子学の知行合一は言うこととやることの一致をよしとするが、孔子はあくまで実践を優先する。職場でも同じだ。大事なのは口であれこれ言うよりやることである。結果を出してからものは言え、である。

□六根清浄《ろっこんしょうじょう》　信仰登山や神仏への祈願のために水垢離《みずごり》するときに唱えるのが「六根清浄」である。つまり、仏教の言葉である。六根とは眼、耳、鼻、舌、身、意の感覚器官のことだ。これらの認識対象は色、声、香、味、触、法である。清浄とは煩悩や悪行などの汚れがない状態をいう。法華経では経を読み、かつ書けば六根は清らかになると教える。公務員の世界では法令違反、非行はするなと教える。つまり六法全書をよく読み、守れば清浄が保てる。六法清浄と朝夕に唱え、実行すれば胸を張って毎日が過ごせる。

□悪人正機《あくにんしょうき》　この言葉は、親鸞の『歎異抄《たんにしょう》』のエッセンスの一つである。「善人なおもて往生をとぐ。いわんや悪人をや」。意味は善人でも往生できるのだから、悪人はなおさら往生できるということである。悪人の方が善人より往生できるとは意外である。ヤクザや悪行三昧の人が喜びそうだが、ここでいう悪人とは挫折したり、失敗したり、横道にそれたりで、人生がうまくゆかない人のことだ。そういう人は無念を背負い、後悔し、反省している。それだけに人間の限界を知り、弥陀の本願を頼む心が深い。これを他力信仰という。他力によって解脱するという考えは浄土真宗の核心原理である。

一方、善人は自己努力により人生がうまく運んだ人のことである。自立して生きているだけに反省心や弥陀に寄りかかる心が薄い。弥陀の本願をたやすく受け入れようとせず、たえず自力を主張し、ために容易に往生しないのである。ちなみに往生とは弥陀の力を借りて極楽へ行くことだ。悪人の方が善人よりよく生き、往生もするという逆説がここから生まれる。親鸞の時代以前から、出世して権力と富を手中にしたものは神仏を恐れず、威張る例が多かったということだろう。現在の自己決定、自己責任という自立のすすめは、親鸞から見れば、宗教心のない人の大量生産に映るだろう。

□自画自賛《じがじさん》　水墨画は細長い軸に描かれることが多い。上に空白があり、ここに第三者が詩や文章を添えるのを画賛という。自分の絵に自分で言葉を入れる場合、これを自画自賛という。「賛」は力を添えることであり、絵を引き立てる役割をもつ。ところが、「賛」が褒め称える意味の「讃」と混同され、自画自賛は自分で自分を褒める意味に使われるようになった。オリンピックでマラソンの有森裕子が「自分を褒めてやりたい」と自画自賛してからそのセリフを平気で言う人が増えたが、聞く方はお尻にむずがゆさを覚える。自分で褒めるなら改めてこちらが褒める必要もないという気持ちになる。自画自賛は心の中だけで行うのがいい。

□塞翁之馬《さいおうの（が）うま》　漢の学者が作った書『淮南子《えなんじ》』*にこの言葉がある。塞は国境の砦、翁はお爺さんの意味。あるとき翁の馬が国境を越えて逃げた。人々が気の毒がると翁は「これが福になるかもしれない」と言う。その言葉通り逃げた馬はすばらしい馬を連れて帰ってきた。人々が駆けつけてお祝いを言うと

「これが禍のもとになるかもしれない」と翁は言う。その懸念通り息子が落馬して足を折る。人々が慰めると翁は「これが福になるかもしれない」と言う。やがて戦争が始まったが、足の不自由な息子は兵隊にとられなかった。何が禍となり福となるか、わからないのが人間世界だ。辛いこと、不幸なことがあっても人間万事塞翁が馬と思えば、めげないですむ。禍は必ず転じて福となる。そう信じ、一途に努力すれば現実になるということである。

＊淮南子　漢の淮南王劉安が学者を集めて作った書。現存するものは二十一篇。

学習のポイント

○日本語に同音異義語が多いのは、中国語に比べて母音が五つしかなく、似た音を一つの母音にまとめたからである。そのため日本人は外国人の発音が今も十分聞きとれない。

○二字以上の漢字で組み立てられた言葉を熟語という。二字熟語の組み立ては上下の字を音で読むか、訓で読むかで四つのパターンがある。

○三字熟語、四字熟語には世界一小さな教訓に満ちた物語が詰まっている。漢字を学ぶことは歴史と人間について学ぶことである。

第4章

常用漢字と送り仮名の原則

月　日（　）

１　常用漢字の生まれ

漢字の数は五万以上あるといわれる。日本で使われるのはそのうち三千字ほどだ。その中で使用される機会が多く、社会生活を送るうえでも理解しておいた方がいいと思われる漢字一千九百四十五字が**常用漢字**として定められている。中学校卒業までに習う漢字でもある。そのうち一千六字は小学校六年までの**学習漢字**とされている。学習漢字以外の常用漢字は九百三十九字である。

なお常用漢字表にあるが、特別な読み方をする漢字は次の通り。あなたは全部読めるだろうか。

TRY 1

1 小豆　乳母　神楽　為替
2 雑魚　五月雨　時雨　砂利
3 読経　稚児　師走
4 数寄屋　山車　凸凹
5 雪崩　野良
6 祝詞　日和　土産
7 猛者　寄席

正解

1 あずき　うば　かぐら
かわせ
2 ざこ　さみだれ　しぐれ
じゃり
3 どきょう　ちご　しわす
4 すきや　だし　でこぼこ
5 なだれ　のら
6 のりと　ひより　みやげ
7 もさ　よせ

一方、常用漢字表にあるが、特別な音訓込みの使い方をする次のような漢字もある。

TRY 2

8 帰依　遺言　御利益
9 仮病　夏至　香華　回向
10 格子　開眼　行脚　供物
11 勤行　権化　権現　建立
12 再来年　相殺　殺生
13 好事家　言質　衆生　従容
14 祝儀　法主　大音声
15 声色　緑青　繁盛　精進

16 不精　普請　赤銅　今昔
17 遊説　早急　愛想　執着
18 法度　音頭　神道　内裏
19 参内　拍子　兵糧　博徒
20 煩悩　疾病　富貴　風情
21 亡者　木立　凡例　目深
22 遊山　律儀　流布　流罪

正解

8 きえ　ゆいごん　ごりやく
9 けびょう　げし　こうげ　えこう
10 こうし　かいげん　あんぎゃ　くもつ
11 ごんぎょう　ごんげ　ごんげん　こんりゅう
12 さらいねん　そうさい　せっしょう
13 こうずか　げんち　しゅじょう　しょうよう
14 しゅうぎ　ほうしゅ（ほっしゅ、ほっすも可）　だいおんじょう
15 こわいろ　ろくしょう　はんじょう　しょうじん

16 ぶしょう　ふしん　しゃくどう　こんじゃく
17 ゆうぜい　さっきゅう（そうきゅうも可）　あいそう（あいそも可）　しゅうちゃく
18 はっと　おんど　しんとう　だいり
19 さんだい　ひょうし　ひょうろう　ばくと
20 ぼんのう　しっぺい　ふうき　ふぜい
21 もうじゃ　こだち　はんれい　まぶか
22 ゆさん　りちぎ　るふ　るざい

2　漢字制限論の背景と経緯

五万字以上ある漢字を覚え、使いこなすためには大変な労力と努力を必要とする。そのため明治時代には仮名文字ないしはローマ字表記にしようという運動が起こった。さもなければ漢字を減らそう、そういう声もあがったことは先に述べた。

「国語」という呼称をつくった言語学者の上田万年は、何万という漢字を習得するのに時間と努力をとられるから、日本は西欧諸国に追いつかないと主張した。日本語の中の漢字を制限し、表音式仮名づかいを増やす。さらには国語をローマ字に変えてしまうことさえ提言した。この漢字制限には新聞社が率先して賛成した。というのは、紙面づくりに鉛の活字を一字一字拾って組む文選作業が大変だからである。膨大な時間と手間がかかる。職人の確保も容易ではない。

第二次世界大戦に敗戦した後の漢字制限の議論には、アメリカが関係した。駐留したアメリカ軍は、日本人が死に物狂いで激しく最後まで戦ったのは、正しい情報が国民に伝えられなかった、新聞記事の難しい漢字を国民が読めなかったからだと考えた。

「漢字をやめてローマ字か仮名文字か何らかの表音文字にすべきだ」と、連合国最高司令部の要請で来日した米国教育調査団はこう勧告した。

明治時代から漢字制限、廃止活動を続けていたカナモジカイ（仮名文字会）とROMAJIKAI（ローマ字会）がこれに勢いを得て、実現に向けて運動を展開した。ところが、参議院議員で作家の山本有三が「外国人に日本語についていじられたくない、自分らに任せてもらいたい」とストップをかけた。カナモジカイやROMAJIKAI、新聞社などの代表等をメンバーに国語審議会が開かれ、審議を続けた。

アメリカ軍はその間、厳密な統計手法を用いて十五歳から六十四歳までの日本人を対象に、仮名と漢字についての識字率を調査させた。サンプル数は約一万七千人。新聞も見たことがない山村の炭焼きのお年寄りも調査対象に選ばれた。結果は**九七％**を超える識字率だった。びっくりしたアメリカ側は、漢字制限問題から手を引いた。

ともあれ昭和二十一（一九四六）年、内閣告示で**一千八百五十字の当用漢字表**、および**現代仮名づかい**が定められた。

小型の日本語辞書には通常六万語の言葉が収められ、その半分の三万語を漢字が占めるという。しかし、実際に使うのはその十分の一程度である。三千字の漢字をマスターすれば読むにも書くにも不自由しないと言われている。それから言えば、当用漢字の一千八百五十字は少ないが、学習の負担は確かに軽くなる。マスコミの要望にも応えることができたのである。

その後、昭和五十六（一九八一）年、当用漢字に代わり、一般の社会生活において使用する漢字の目安として、**一千九百四十五字の常用漢字**が定められた。役所や新聞社の文書は、固有名詞や専門用語を除き、基本的にこの常用漢字の範囲内で書かれることが望ましいとされている（とはいえ、新聞協会は独自に新聞漢字表をつくっている）。

また、新聞では「かん養」というように仮名文字と漢字の「交ぜ書き」をしばしばする。「涵養」と書きたいのだが「涵」が常用漢字表にないからである。日本語表記がなんとなく中途半端でマダラ模様になり始めた理由の一つがここにある。

3　送り仮名の原則

送り仮名を送る理由は、漢字の誤読を防ぎ、かつ文章が冗長になるのを防ぐためである。

たとえばイッタ、オコナッタを漢字にすると「行った」「行った」と同一表現になる。そのため一方を「行なった」と送り仮名をすればわかりやすい。

アカルイという語は文語ではアカイである。それを踏まえて「明い」を標準表記にするとどうなるか。アカイのか、アカルイのかどちらなのかわからなくなる。そこで「明るい」と送り仮名をすれば誤解が生まれない。また「明」の字には「明らかに」「明ける」という用法もある。活用のない語幹に着目して「あ」という読みに統一すると「明かるい」「明きらかに」となる。しかし、文章が冗長になり、漢字の長所が生かせない。このため読み誤りがない範囲で送り仮名を少なくすることとされ、この場合は「明るい」「明らかに」として文章を引き締める。

なお、「行った」「行なった」は現在「行った」ひとつの表現でいいとされている。文脈や前につく助詞（へ、とか、に、など）を見れば誤読は避けられるというのが理由である。

江戸時代までは、送り仮名の基準はなかった。地方、藩は独立しており、話し言葉も文章語も幕府によって統一されていなかったからである。明治になってから**送仮名法**が制定された。しかし、普及しなかった。第二次世界大戦後、当用漢字や現代仮名づかいの制定という流れが生じ、そのとき送り仮名も国語審議会で検討され、昭和三十四（一九五九）年**「送りがなのつけ方」**が内閣告示された。

これは強制ではなく文章を書く場合の送りがなのよりどころを示したものとされた。昭和四十八（一九七三）年には**「送り仮名のつけ方」**として改訂版が内閣告示された。

ただし、これも各種専門分野や個々人の表記まで縛るものでなく、慣用を尊重し、例外を広く認めるものとなっている。送り仮名のつけ方には「活用のある語は、活用語尾を送る」「活用のない語、名詞には送り仮名をつけない」といった基本原則がある。しかし、例外も多いために本則を覚えることで適正な表記をマスターすることは難しい。一つずつ実践で覚えていくほかない。

中央官庁組織改正前の文化庁から出された送り仮名の疑問例集『**言葉に関する問答集**』が参考になるので、次にその内容を掲げる。

□問「行う」か「行なう」か

□問「少なくない」か「少くない」か

□問「押さえる」か「押える」か

□問「交える」か「交じえる」か

□問「お話しします」か「お話します」か

□問「行き帰り」か「行帰り」か

□問「打ち合わせ会」か「打合わせ会」か

□問「組」か「組み」か

□問「手当」か「手当て」か

□問「受付」か「受け付け」か

答本則「行う」　許容「行なう」

答「少くない」と表記すると「すくない」と読まれる恐れがあるので「少なくない」とする

答本則「押さえる」　許容「押える」

答本則「交える」

答「お話しします」を是とする

答前と後が並立・対立等の関係の場合は送り仮名を省かない

答本則「打ち合わせ会」　許容「打合わせ会」

答クラスの意味なら「組」、組むという動詞の意識が残っているなら「組み」

答本俸以外の金銭給付の意味なら「手当」、怪我や病気の処置の意味なら「手当て」

答名詞としてなら「受付」、動詞の意識が残っているなら「受け付け」

□問「取扱」か「取扱い」か「取り扱い」か
□問「―焼き」か「―焼」か
□問「当る」か「当たる」か
□問「必ず」か「必らず」か
□問「手引」か「手引き」か
□問「預かり金」か「預り金」か
□問「後ろ姿」か「後姿」か
□問「見逃す」か「見逃がす」か
□問「落とせ」か「落せ」か
□問「浮つく」か「浮わつく」か
□問「来たれ」か「来れ」か
□問「身近だ」か「身近かだ」か
□問「交じる」か「交る」か

答役職名なら「取扱」、複合語としてなら「取り扱い」、許容「取扱い」「取扱」
答工芸品なら「―焼」、そのほかは「焼き」
答本則「当たる」、許容「当る」
答本則「必ず」
答本則「手引」
答本則「預かり金」、許容「預り金」
答「後ろ姿」
答「見逃す」、「見逃がす」は誤り
答本則「落とせ」、許容「落せ」
答本則「浮つく」
答「来たれ」とする
答本則「身近だ」、「身近かだ」は近かいとは送らないから不可
答「交じる」、「交る」とするとマゼル、マジルのどちらかわからなくなる

学習のポイント

○昭和五十六年当用漢字表にかわり、一千九百四十五字の常用漢字表が内閣告示された。
○常用漢字表にない字をひらがなにする「交ぜ書き」、たとえば「かん養」（涵養）と表記すると日本語としてはだらける。
○昭和四十八年に内閣告示された「送り仮名の付け方」は、個々人の表記までしばるものではない。

第5章

国語を活性化させたカタカナ語

月　日（　）

1　カタカナ語の登場

外来語のことを**カタカナ語**という。和語、漢語に対する語種の一つとして扱われている。ただし、パン、コップ、テンプラ、カツ、ビロード、ミイラ、サボるのように日本語に帰化したともいえる外来語は外来語とはいわない。歌留多、煙草、更紗、合羽、天麩羅などは当て字の漢字までできている。

最近入ってきた外国語や和製英語などが、いわゆる外来語というべきだろう。

歴史を遡《さかのぼ》ると中国語以外の外来語は、十六世紀にポルトガルの宣教師によってもたらされたオランダ語とスペイン語が最初である。まず、コップ、テンプラ、パン、カルタなどの言葉が入り、やがてカンボジア起源のカボチャやジャワ起源のサラサ、ハイチ起源のタバコなどがものとともに入ってきた。

鎖国時代にはガラス、アルコール、ビール、ゴムなどのオランダ語が広まり、幕末から明治にかけてはフランス語系のパレット、マヨネーズ、カフェオーレ。ドイツ語系のマドンナ、オペラ、ソロ、テノール。ロシア語系のペチカ、トロイカ、ツンドラなどが日本人になじんだ。

2　カタカナ語の表記法

漢字仮名交じり文で表現する日本語文では、正しい表記が一つとは限らない。たとえば「さくら」である。「桜、さくら、サクラ」という三通りの表記があり、どれも正しい。これらの使い分けは書く人の好みや字面、文体の軽快さなどによって様々である。とはいえ、あんまりまちまちに勝手に使われては混乱を招く。その標準的な表記として**内閣告示「外来語の表記」**（平成三年）が定められている。

外来語は、原語表記以外は基本的にカタカナで書くことが原則である。できるだけ原音に近く、読みやすい表記とする。

また、動植物名を表す和語は、学術用語として使われる場合にはオオシマザクラ、ホトトギス、トキのようにカタカナで表記することになっている。しかし、それも文体や発表媒体によっては漢字の方がふさわしいという場合もある。どの言葉をカタカナにするかについて、明確な基準はないのである。

外国の地名、人名表現を含めた文章作成上実用的な参考書としては、朝日新聞社の『用語の手引き』と『朝日新聞のカタカナ語辞典』等、新聞社系の出版物が便利である。

特に参考になるエッセンスの部分を次に引用する。

○ヰ（WI）、ヱ（WE）、ヲ（WO）、ヂ（DI）、ヅ（DU）は使わない。それぞれイ、エ、オ、ジ、ズとする。ヴをふくむ言葉はバ行にする。つまり、ヴァ、ヴィ、ヴ、ヴェ、ヴォ、ヴュは、バ、ビ、ブ、ベ、ボ、ビュで表す。

例）バイオリン（×ヴァイオリン）、レビュー（×レヴュー）

○長音はーで表し、母音を重ねたり、ウを用いたりしない。

例）アーケード、ウイスキー、ショーウインドー

○三語以上からなる複合語には語間に「・」を入れる。だが判読が困難でない場合は省略してもよい。

例）シンガー・ソングライター、コンビニエンスストア

○慣用の固定しているものなどは、以上の原則にこだわらない。

例）ボディー（×ボデー）アーティスト（×アーチスト）。

バイオリンはヴァイオリンでなければ駄目だという意見も強くあり、そういう場合はヴァを用いることも許される。

ここでは外来語表記の基本原則を示すにとどめるが、外国語の地名を含めカタカナ語表記を網羅した参考書は、多数出ている。身近には朝日新聞の『用語の手引き』のほか『現代用語の基礎知識』（自由国民社）などがある。

3　役所におけるカタカナ語

役所でも広報紙や計画書、レポートなどにカタカナ語はふんだんに使われている。特にパソコン用語、福祉用語、環境用語、土木、建築、機械、電気など工学系の仕事では専門用語が多く用いられる。杉並区役所の編集した『外来語・役所ことば言い換え帳』（ぎょうせい）には「区の広報紙にはカタカナ語が多く、高齢者にはわかりにくい。八ページに三百近くの外来語が使われていた」という住民から寄せられた手紙が紹介されている。

カタカナ語の多用は、地方都市でも例外ではない。たまたま手元にある長野県小布施町《おぶせ》の第四次小布施町総合計画「心に響く21世紀　夢を力に輝く未来」をめくると、次のようなカタカナ語がでてくる。

パートナーシップ、ライフライン、フォーラム、テーブルトーキング、ケア・マネージャー、ノーマライゼーション、バリアフリー、ネットワーク、アイデンティティ、アメニティ、ニーズ、フレーム、ホスピタリティ、ハイウェイオアシス、アクセス、メディア、ケアプラン、サテライト型デイリービス、ヤング・オールド、モビリティ、タイムケア、ＡＬＴ、ワークショップ、デジタル、フローラルガーデン、ジェンダーフリー、ホビー農家、ストリートファニュチャー、パークアンドウォーク、情報リテラシー

これらは比較的ポピュラーなカタカナ語である。しかし、現実に何を指すか、実感のわかない単語もか

なりある。**言葉は現実との対応が明瞭で、手にとるような実感がないと理解できない。**

また、たとえば「デジタル」という言葉の意味はわかっても、「デジタル化」と言われたとたんわからなくなるケースもある。なお、小布施町の総合計画で使われているなじみの薄いカタカナ語には、住民が戸惑わないように次のような丁寧な「注」がつけられている。

※アメニティ：都市計画などで求める生活環境の快適さ
※バリアフリー社会：身体的、精神的な障壁をとり除き、安心して暮らせる環境をつくる社会
※ホスピタリティ：歓待、親切なもてなし
※ケアハウス：身の回りのことは自分でできるが、独立して生活するには不安がある高齢者が、自費で入院する施設
※サテライト型デイサービス：既存の老人デイサービスセンターを核とし、地域の公会堂等へ職員が出向き実施するデイサービス
※タイムケア：一時的に介護できないとき、介護を受託するサービス
※ＡＬＴ：外国語指導助手
※ジェンダーフリー：文化的、社会的につくられる性別、性差をなくすこと
※ホビー農家：自家農産物の生産消費を目的とした自給的農家、趣味の農業
※ストリートファニュチャー：街路に設けられるベンチ、灰皿、照明、バス停、電話ボックス、案内板等

※パークアンドウォーク：車の渋滞を緩和するため、郊外の駐車場に車を置き、歩いて町中に入ること
※情報リテラシー：情報活用能力、情報を取捨選択・収集処理し、活用する能力

カタカナ語、つまり外来語は必要があって、また、適当な言葉が日本語にないために使われるのが大半である。七世紀に漢字が中国から入ってきて、やまとことばでは言い表せない内容を表す漢字をそのまま使ったことと事情は同じである。長い時間をかけて、漢字は日本語化したことを思えば、いたずらにカタカナ語を嫌うことはないように思える。

繰り返すが、日本語にない概念はカタカナ語を使っていくほかない。「ペイオフ」を「限度額を設けた払い戻し」などと説明的に言っていては仕事にならない。

カタカナ語で特に多いのは福祉、ＩＴ、経済社会政策関連用語であるが、今まで日本になかった考え方や仕組みを表す言葉であり、周知、啓発する労を惜しまずに普及すべきものといえる。

国立国語研究所の調査によると、外来語の使用率は語数で一〇％弱である（出現する単語一つ一つを「異なり語」といい、反復使用される各単語（異なり語）の使用頻度を「使用率」という）。延べ語数（使われた単語の延べ数）では三％以下であり、日本語の語彙に殆ど影響を与えていないといわれている。

だが、現実に住民やお年寄り、一般の人は外来語の多さに辟易《へきえき》している。わかりにくいということもあるが、日本語にもっといい言葉があるのではないか。外国語をなぜそんなに使うのかという感情も混じっ

ているようだ。その気持ちは筆者にもある。だが問題にすべきは、シンクタンクやそのほかの調査機関、学者の論文等の中身の乏しさをカバーする**水増し機能のカタカナ語**である。現実との対応関係のない外国語をちりばめて、いわばカタカナ語で文章を飾る。一種の過剰粉飾、ごまかしである。少なくともこういう偽善的なカタカナ語使用のレポートは、役所から追放しなければならない。特に、シンクタンクに調査研究を委託し、レポートが納入されるときにはその点に気をつけるべきである。**成熟度の足りない外国語、カタカナ語の乱用は委託調査の最大の文化的弊害といえる。**

4　カタカナ語の言い換え

カタカナ語をやさしく言い換えてくれというのは、古くて新しい問題だ。

社会が言い換え語を求める背景には、三つのパターンがある。

①時代遅れで、権威を感じさせる難しい言葉を見直し、誰にもわかる民主的な現代の言葉に言い換えようとするもの

②外国語を使いたがる風潮を改め、日本語のよさを見直す契機とするために、あえて日本語に言い換えようとするもの

③特定のイメージ、思想が染みついていて差別につながる恐れがある言葉を、先入観や染みのない言葉に

言い換えようとするもの

先に紹介した杉並区役所の『外来語・役所ことば言い換え帳』は堅苦しい役所ことばや通用しない難しい表現を見直し、より一層わかりやすい行政の実現を図ろうという意図で編纂されている。

わかりやすい行政の実現はどの自治体にも共通する課題であり、杉並区の『言い換え帳』を参考にしばしば話題になる言葉とその言い換え語を次に紹介する。

□**アウト・ソーシング**　外部委託
□**アカウンタビリティー**　説明責任
□**アクションプラン**　行動計画、実行計画
□**アドバンテージ**　有利性、長所
□**アプローチ**　取り組み　接近すること（研究方法、建物等に通じる道）
□**アメニティー**　快適環境
□**イノベーション**　技術革新　経営革新

□**インキュベーション**　起業支援　創業支援
□**インセンティブ**　意欲刺激　奨励金　報奨金
□**インタラクティブ**　双方向的　対話型
□**インフォームドコンセント**　説明に基づく同意　納得診療
□**エンパワーメント**　権限の付与
□**オンデマンド**　注文対応　受注対応
□**ガバナンス**　統治　協治　共治

□**カンファレンス**　協議会　同盟　会議　相談
□**ケースカンファレンス**　事例診断（利用者への対応をめぐって職員が情報を出し合い、援助の方向性を決めていく話し合い）
□**コーチング**　言い換え困難（コミュニケーションをとりながら目標達成のための解決方法を自ら発見できる能力を高めるための人材育成訓練方法）
□**コスト・パフォーマンス**　費用対効果
□**コミット**　確約する　かかわる
□**コンソーシアム**　共同事業体
□**サマリー**　要約　概括　まとめ
□**シェルター**　緊急一時避難所
□**スキーム**　（目標達成までの手順が組織的に練られた）計画　企画
□**スクリーニング**　選考　審査

□**セーフティネット**　安全網
□**セカンドオピニオン**　第二の診断　第二の意見
□**ゼロエミッション**　排出ゼロ（ごみを利用しつくす技術体系や経営手段を意味する理念）
□**ソリューション**　問題解決（利益を上げるための新しい事業のしくみの構築）
□**デリバリ**　配達　宅配　引渡し
□**ドメスティック・バイオレンス**　言い換え語なし（家庭内、配偶者間暴力。夫・パートナーからの暴力）
□**トワイライト型**　長時間開所型
□**ノンストップサービス**　言い換え語なし（三百六十五日二十四時間の行政サービス）
□**バイオマス**　生物エネルギー
□**ハザードマップ**　災害予想地図　防災地図
□**パブリシティ**　情報提供活動

□**パブリックインボルブメント**　言い換え語なし（計画策定の段階から広く住民や有識者などの意見を求めながら公共事業を行う制度）

□**パブリックコメント**　言い換え語なし（意見公募ともいえるが、政策立案にあたり素案を公表し、寄せられた意見・情報を考慮して最終決定を行う制度）

□**バリュー・エンジニアリング**　言い換え語なし（組織的なコスト引き下げの技術、方法）

□**ビオトープ**　小生活圏　自然生態圏（限られた地域に元来そこにあった自然風景を復元することをいう）

□**ファシリテーター**　まとめ役

□**フォーラム**　言い換え語なし（出席者全員が参加する方式の公開討論会）

□**プライマリー・ケア**　初期医療（病院で一般外来で行われる患者と医師の最初の診療を指す。専門外来と一般入院は二次医療、専門医療は三次医療という）

□**プレゼンテーション**　（企画や発案の）提示　説明　発表

□**ベンチマーク**　計測指標　水準点（判断、判定のための基準）

□**マニフェスト**　政策綱領（具体的な政策目標などを掲げた公約集）

□**メセナ**　文化芸術支援活動

□**ユニバーサルデザイン**　言い換え語なし（万人向け設計の意味で、すべての人が使いやすくわかりやすい安全快適な町、サービスを目ざす考え方。誰にも公平で使いやすいことが前提

□**ユビキタス**　言い換え語なし（人間の生活環境の中にコンピュータチップとネットワークが組

み込まれ、それを意識することなくインターネットをはじめとする情報ネットワークに接続できる環境を指す）

□**リテラシー**　読み書き能力

□**レファレンス**　調査　相談　照会

□**ローリング**　見直し　改定

□**ワーク・シェアリング**　言い換え語なし（仕事の分かち合い。労働者一人当たりの労働時間を短くして雇用機会、雇用者を増やすこと）

□**ワークショップ**　作業場　研修会　講習会

□**ワンストップサービス**　言い換え語なし（一箇所ですべての用事を済ませる行政窓口）

学習のポイント

○最近入ってきた外国語や和製英語などが、外来語である。カタカナで書くのが原則である。
○言葉は現実との対応が明瞭で、手にとるような実感がないと理解できない。
○外来語によって日本語はより豊かな世界を獲得した。現在もしつつある。嫌うより取りこむ努力が必要だ。日本語にない概念を表す言葉は使っていくほかない。
○英語等がどんなに日本語に入ってきても日本語のボキャブラリーの一〇％以上を占めることはない。
○成熟度の足らないカタカナ語の乱用は水増し機能の過剰粉飾であり、こういう文章で書かれた委託調査報告書を行政は受け取るべきではない。

第1部　知識編

第6章

役所用語の見直し

月　日（　）

1　住民目線のボキャブラリー改革

役所で使う言葉は、住民の信頼と共感を引き出すことのできる平明、簡潔なものであることが望まれる。

それは住民の喜怒哀楽を親身に受け止める心配りのある言語文化で仕事をするということである。

そのためにはまず、役所がもっている言葉群、いわゆる**ボキャブラリーの見直し**から始めなければならない。ボキャブラリー（語彙）とは、言葉の集まりである。辞書がその典型であるが、監修者や出版社によって収載されている言語数や内容に違いがある。ボキャブラリーの差異が辞書の特徴になっている。

人間も一人ひとりもつ言語が違う。育った環境や受けた教育によってその人がもつ言語数や内容、色彩、スピード感などが異なる。文科系の学校を出た人と理工系の学校を出た人とは、ボキャブラリーの系統に大きな差がある。芸術家と実務家にもボキャブラリーに差がある。ボキャブラリーは個性であり、オリジナリティである。どんなボキャブラリーをもっているかによって、人の性格や発想、嗜好に違いが出る。ちなみに紫式部の『源氏物語』のボキャブラリーは、一万一千四百二十三語だという。清少納言の『枕草子』が五千二百四十七語、紀貫之の『伊勢物語』が一千六百九十二語。

紫式部のボキャブラリーが群を抜いて多いが、それだけ式部の生活範囲、喜怒哀楽の色模様が豊かだったということである。**紫式部は言葉の数だけ人より多く考えた**ともいえよう。

近代では、たとえば漢文と江戸の和文と英文学の教養をもつ夏目漱石の文章のボキャブラリーが豊かである。それだけでなく具象と抽象の表現にも優れていて、政治経済から人間の心理の複雑なあやまで描けないものはない文体になっている。だから、漱石は明治日本における近代人第一号といわれるような存在なのである。彼が千円札の顔になった理由もそこにある。

わずかな言葉数しかもち合わせない人は「ボキャブラリーが貧困だ」といわれる。言葉の数が少ないということは話の通じる範囲が狭い。いろいろな事情を抱えた人と話をする場合にわからないことが多くて十分理解し合えないということでもある。

その意味で**ボキャブラリーは、行政マンにとって軽視できないコミュニケーションスキル**である。住民は一人ひとり固有のボキャブラリーをもっている。また、地域には地域特有のボキャブラリーがある。それらから発語されるメッセージの意味がわかることが、行政マンには求められる。一言でいえば**どんな人の言うこともわかることが、自治体公務員の資格**なのである。

ボキャブラリーについて普段私たちは無関心であるが、住民本位の行政展開には必須のものと考えなければならない。ボキャブラリーの増加分だけ人の年輪は熟成する。逆に言えば、辞書が成長するようにボキャブラリーを増やさないと人は成長しない、自治体のような組織でさえも、言語文化が豊かにならないと発展しないということである。

そして、行政マンは、**役所側から見た言語脈だけではなく、住民側から見た言語脈を理解しなければな**

らない。住民のもつボキャブラリーと行政マンがもつボキャブラリーが一致することが必要なのである。
難しい言葉を使っている、言い方が権威的である、専門語が多い、略語、カタカナ語が多過ぎるといった批判のある役所言葉の見直しは、そのために行われるのである。国の各種の文書の文体が、いかめしい漢文脈によって国民との距離を開いていることでわかるように、役所で使われる言葉は住民と行政の距離を表すということを心に刻み、普段から平明化、簡潔化に心がける必要がある。

2　役所言葉の見直し

(1) 見直しの基本的視点

近年、多数の自治体で言葉の見直しが行われている。わかりやすい行政の言葉にするための基本的視点には、次のものがある。

①時代遅れの堅苦しい言い回しはやめる。
②命令的、押しつけがましい表現は改める。
③過剰な敬語、もって回った曖昧な言い方は率直な表現にする。
④専門語、外来語、略語はできるだけ使わない。

⑤どうしても使わなければならない専門語や外来語、略語には注をつける。
⑥区切りのない長い文章は短い文章にする。

(2) 見直しの対象語と言い換えられた表現

次の言葉は下段のように言い換えることが望ましいとされている。いずれも重々しい漢文脈の上から住民を見下ろすような言葉群である。こういう権威の城郭を思わせる文体を一般住民の言葉に置き換えない限り、行政組織は透明にならないし、目線も低くならない。行政マンは積極的に言い換えを実践することが望まれる。

□按分する→～の割合に応じて割り振る
□遺憾である→残念である
□いかんともしがたく→どうにもならないので
□意見具申する→意見を述べる
□いたしたく→～したいので
□遺漏のないよう→洩れや落ちがないように

□鋭意→懸命に
□解する→わかる
□かかる→このような
□～に係る→～に関する、～についての
□可及的すみやかに→早急に、できるだけ早く
□各般にわたり→いろいろと、それぞれの

□〜（出席）方→（出席）について
□可能な限り→できる限り
□勘案して→工夫して、考慮して
□〜に鑑み→〜を考慮して
□還付する→返還する、返す
□かん（涵）養する→養成する、育成する、育てる
□肝要である→とても重要である、とても大切である
□疑義を生じる→疑問が出る
□危惧する→心配する
□毀損する→壊す、傷つける、損なう
□忌憚のない→率直な、遠慮なく
□供する→使う、役立てる
□橋梁→橋
□寄与する→役立つ、貢献する
□規定の→定められた

□貴殿→あなた
□具備する→そなえる
□懸念→心配、気がかり
□現下の→最近の、現在の
□講ずる→行う、実行する
□ご高配→ご配慮
□ご査収→お確かめのうえお受け取り
□今般→このたび
□〜されたい→〜してください
□暫時→しばらく
□〜し得ない→〜できない
□支障のない→差し支えのない
□資する→役立てる
□（〜する）次第です→〜します
□若干の点→いくつかの点
□事由→理由、原因

□従前の→これまでの、以前の
□充当する→充てる
□主管課→担当課
□熟読のうえ→十分読んで
□遵守する→守る
□証する→証明する
□所定の→定められた
□所要の→必要な
□思料する→考える、認める
□進捗状況→進み具合、進行状況
□数次に→数回に
□すべく→するように、するために
□せられたい→してください
□先般→先日、先ごろ
□送致する→送る、送付する
□措置→処置、取り扱い

□その旨→そのこと、その内容
□疎明する→弁明する、証明する
□対処する→対応する、取り組む
□多大なる→多くの
□賜る→いただく
□逐次→次々に、だんだん
□遅滞なく→滞りなく、遅れないように
□衷心より→心から
□聴取する→聴く
□徴する→求める、要求する
□貼付する→貼る、貼り付ける
□突合する→付き合わせる、照らし合わせる
□当該→その〜、この〜
□特段の→特に
□捺印→印鑑を押す
□拝察する→お察しする、思う

□図られたい→するようにしてください
□甚だ→大変、たいそう
□頒布する→配布する
□逼迫する→差し迫る、行き詰る
□返戻する→戻す、返却する、返す
□本件→この件、このこと
□〜の向きは→〜される方は
□目処とする→めざす

□（〜を）もって→〜して、で
□（する）者→（する）方、（する）人
□有する→ある、もっている
□要する→必要とする
□〜裏に→〜のうちに
□留意→注意、配慮、考慮
□了知→理解、了解、承知

以上ピックアップした言い換え言葉を行政職員全員が実践すれば、必ず住民との間の風通しはよくなる。**言葉が変われば行政文化も変わる**。行政の体質とは文化の問題であり、ボキャブラリーの問題である。漢文脈の言葉の城、役所のテリトリーを解体しなければならない。

なお、使わない方がいいと思われる役所特有の表現もいくつかある。たとえば、次の二つ。

○「善処する」（具体性に欠け、誤解を呼ぶ恐れがある）
○「念のため申し添える」（おしつけがましい印象）

繰り返すが、このような役所特有の言語文化を徹底的に洗い直す必要があろう。明治以来続いてきた上からの文脈を壊さない限り、次のような注意書が庁舎のあちこちに貼られ続ける。
「移動した机や椅子は必ず所定の場所に整然と戻すこと」こういう文体は即刻次のように書き換えなければならない。「使った机等は元の位置に戻してください」

同じ意味で「納入期限経過後はすみやかに所管窓口にて直接納入されたい」という文章を見かけたら「納入期限を過ぎた場合は市役所の○○課の窓口へおいで願います」とそれぞれ書き改めなければならない。

言葉が平明になることは、住民と役所の距離が縮まることを意味する。だが、性急に理想形を追い求めると失敗する。言葉をやさしくし、誰にもわかる文章で文書を作成すること、説明することにも限界がある。なぜなら何人にも一〇〇％わかる文章を書くことは至難のワザである。どんなに平明にと心がけても行政サービスの提供に必要な最低限のボキャブラリーと説明は必要になる。その限りで行政の説明を理解できない人は必ず存在する。

大事なことは、「わからない」と言われたときに「それはこういうことです」と噛み砕いて説明する能力と親切心である。その体制と心がそろっていれば、どういう言葉を使ってもよいといえるのである。

学習のポイント

○役所で使う言葉は、住民の信頼と共感を呼ぶ平明、簡潔なものでなければならない。
○住民は、難しい言葉を使っている、言い方が権威的である、専門語が多い、略語、カタカナ語が多すぎるという目でいつも役所を見ている。
○どんな人の言うこともわかることが自治体公務員の資格である。どんな人にも通じる言葉で話すことがまた自治体職員の資格である。そのためにはボキャブラリーを増やしていかなければならない。住民のボキャブラリーと行政マンのボキャブラリーが一致することが必要だ。
○役所言葉は漢文脈の域である。明治以来続いてきた、上からの支配の文脈を解体しなければならない。

第7章

敬語の使い方

月　日（　）

1　敬語の意義

率直であることは、コミュニケーションの不可欠要素である。ただし、その場合でも一定のルール、礼儀が守られなければならない。

「課長、今、暇ですか。暇だったらこのあいだ名古屋へ出張した報告をしたいんですが」と部下が言う。思わず「暇じゃない」と語気を鋭くしたくなるのが人情だろう。上司は部下にそんな口のきき方をされたくない。「今夜皆と一杯どうですか」と言われればむっとくる。筆者が「卒業論文を書きました。先生見ますか」と学生に言われてびっくりしたのもつい最近のことである。当人にはまったく悪気はないのだが、上司や教師をつかまえて友達言葉で話すその神経に驚く。

相手のことを尊敬し、礼を尽くし、大切に接するときに使う言葉づかいが敬語である。

主に目上、お客、社会的地位の高い人、先輩、そのほか大事な人などに対して使う。また、友達や同僚の間でも個人的関係を持ち込むことが禁じられる第三者の臨席する公式の場面では、地位に応じて敬語を使うのが原則である。つまり、敬語は公的、私的な人間関係、序列、尊敬の心等を言葉づかいで表現するものである。先に挙げた部下職員と学生の言葉づかいは、大いにこの原則から外れている。

敬語は**尊敬語**、**謙譲語**、**丁寧語**からなる。

(1) 尊敬語

尊敬語は役職者、権威者、先輩、年上の人、お客などに対して敬意を払う言葉づかいで、敬語の核心をなす。話し手から見て上位の人の動作、状態、その人にかかわることについて敬語を用いる。「おっしゃった」「なさった」「お亡くなりになった」「お車」といった言葉づかいである。

「行かれる」「食べられる」など「れる」「られる」という助動詞で尊敬を表す表現もある。しかし、この助動詞には受身、可能、自発、尊敬の四つの用法があって紛らわしい。たとえば「食べられる」は「お食べになる」ということなのか、「食べることができる」ということなのか戸惑う。原則として使わないほうが無難とされている。

ちなみに正しい敬語表現は一つではない。次のように何通りもの言い方がある。

○部長はその様子を見つめていらっしゃった。
―見つめておいでだった。
―おみつめだった。
―見つめておられた。

○紅茶、コーヒーなどいかがですか。
―をいかがでしょうか。
―をお飲みになりますか。

○先生は地震の研究をしていらっしゃいます。
―ご研究でいらっしゃいます。
―ご研究でございます。
―研究しておいでになります。
―研究なさっておいでです

○社長は会議にお出でになるでしょうか。
―会議にいらっしゃるかしら。
―出席なさるかしら。
○知事の奥様が来ておられる。
―おいでになっている。
―お見えです。
―お見えでいらっしゃる。

○お声をかけていただければ私が伺います。
―あがります。
―参上します。
○一言、就任の挨拶をさせていただきたいと存じます。
―申し上げます。

⑵ 謙譲語

謙譲語は、基本的に上位の者から下位の者が何かを受け取る動作についていう言葉づかいである。自分を下に置き、相手を上に立てる。つまり相手に対してへりくだった態度をとるときの言葉づかいである。一言でいえば、「お招きいただきまして恐縮です」のような、**いただく**の構図だ。

代表的な謙譲語は「申す」「申し上げる」「賜る」「恐縮に存じます」「さようでございます」などである。
「大変僭越ではございますが、主催者として一言挨拶を申し上げます。～貴重なご意見を賜りますれば幸いでございます」

これは、意見等を聞くためにお願いした出席者に対して主催者がへりくだって挨拶をする言い方である。

自分の挨拶には「お」「ご」をつけない。意見は出席者が言うものであるから「ご」をつける。主催者は意見を聞く立場だから「賜る」と言う。

「申す」は本来謙譲語だが、しばしば間違って使われる。たとえば「――先生が申されたように」と審議会などで発言する人がいるが、尊敬の意味は申すにはない。「――が言われたように、おっしゃられたように」と言わないと尊敬語にならない。

(3) 丁寧語

丁寧語は、人間の品格、教養から自然ににじむ、人を傷つけたり、心をかき回したりしない、対等でかつ相手に敬意を表した礼儀正しい言葉づかいのことである。「親しき仲にも礼儀あり」という距離を保つコミュニケーション法である。電話などで「山本だよ」と名乗るところをあらためて「山本です」と言う。もっと丁寧に言うときは「山本でございます」と名乗る。

丁寧語の使用には相手との日ごろの付き合いや親密度による一定の限度がある。たとえば「ランチに行こうぜ」は「ランチに行きませんか」に、ないしは「行きましょう」が丁寧語になる。

丁寧語は特に気張らず、慇懃無礼によそよそしくもせずに、自然体で話すのがよい。語尾は「です」「ます」「ございます」体を基本とする。これに「いただきます」「存じます」などを併用して丁寧の度を調節し、変化をつける。

2　敬語の基本原則

敬語は室町時代にさかのぼるほど歴史が古い。高知や和歌山などでは人と人の対等原則が徹底していて、いわゆる敬語がないというが、そのほかの階層社会が成長した地方ではそれなりに敬語が使われ、一定の型、類型を持っている。その基本原則は次の通りである。

①相手の行為やモノに「お」「ご」をつける。

自分や身内のそれにはつけない。

例　「あなたのご発言…お荷物」「私の発言…荷物」

外来語や公共的なもの、自然現象には「お」「ご」をつけない。

例　×おワイン　×おマンション　×お公会堂　×お図書館　×お役所　×お地震　×お台風

②相手の行為を表す動詞は敬語体に変化させる。

例　「する」は「なさる」「される」

ただし、いわゆる二重敬語、一つのセンテンスの中で敬語動詞が複数出てくるときには一つを敬語体にすればよい。「なさっておられる」は、前を省いて後ろを活かし、「──しておられる」とする。前を活かして「なさっている」でもよい。

③センテンスの基本は①②により「お（ご）…になる」という構成である。

例　お（ご）……くださる　お（ご）……なさる　お（ご）……になる

受身の「―れる」「―られる」も、自分は使わなくても人が使うことがある。頭の隅に入れておく必要はある。語尾は「です」「ます」「ございます」とする。

3　敬語体の動詞の変化

先に述べたように敬語体で話すときには動詞を変える。変化は次の表の通りである。

動詞の基本形	尊敬語	謙譲語	丁寧語
する	なさる	いたす・いたします	状況に応じて「です」「ます」「ございます」体を使う
いる	いらっしゃる・おいでになる	おる・おります	
くる	いらっしゃる・おみえになる・お越しになる	まいる・伺う	

いく	いらっしゃる・おいでになる	参る・伺う・お伺いする・参上する	
言う	おっしゃる・お言いになる	申す・申し上げる・言わせていただく	
話す	お話になる・話される・お話くださる	話させていただく	
説明する	ご説明くださる・ご説明される・ご説明になる	説明いたす・説明させていただく	
会う	お会いになる	お目にかかる・お会いする	
乗る	お乗りになる	乗せていただく	
知る	ご存知である	存じている・存じ上げる	
見る	ご覧になる	拝見する	
見せる	お見せになる	お目にかける・ご覧に入れる	
食べる、飲む	お食べになる・お飲み	いただく・頂戴する	

	になる・召し上がる・お召し上がりになる	
聞く	お聞きになる・お聞きくださる	拝聴する・聞かせていただく・うかがう・うけたまわる
持つ	お持ちになる	お持ちする
借りる	お借りになる	拝借する・お借りする
帰る	お帰りになる	帰らせていただく

4　敬語による対話の実際

職場などで実際によく使われる敬語例を挙げてみよう。

目上の人などへの尊敬語による表現	目上の人などから話しかけられた場合の謙譲語による表現
ご存知でいらっしゃいますか。	存じております。

○○様でいらっしゃいますか。	○○と申します。
○○課長さまはご在席されていらっしゃいますか。	○○課長は在席しております。
お呼びくださいますか。	呼んでまいります。
どちらへお出かけになられたのですか（どちらまでいらっしゃったのですか）。	京都まで行って参りました。
小包をお送りさせていただいたのですが、お受け取りいただいたでしょうか。	確かに、拝受いたしました。
報告させていただきたい案件がございますが、お時間を一時間ほどいただけますでしょうか。	時間はございます。
課長から先日いただいたこの資料の文章の解釈についてですが、少々理解しかねる箇所がございます。ご指導をいただきたいと存じます。	不明な箇所がございましたらお声をかけてください。すぐに参ります。
○○様からの伝言メモを決裁箱に入れておいたのですが、ごらんいただいたでしょうか。	はい。拝見いたしました。ありがとうございます。すぐに処理をいたします。

5　敬語使用の注意点

職場等で敬語を使うときには以下の四点に特に注意したい。

①敬語は相手に対して使う言葉づかいである。自分の行為やモノ、身内の行為やモノに対しては使わないのが原則である。

②自分の上司や同僚の行為やモノに、「お」や「ご」をつけ、尊敬語で話したりすることがある。「私のお話をよくお聞きください」「担当者にご連絡します」程度の敬語の誤用はよくあるケースである。

③特に尊敬している上司のことを呼び捨てにすることに抵抗があるために、お客の前や住民の前で「○○課長さんにお話してご判断をしていただきます」「課長がお帰りになるお時間は○○時半頃です」などと言いかねない。傍《はた》で聞いていると「課長の判断を待ちます」「課長が帰る時間は○○時半です」でいいんだよと言いたくなる。

④日本語には階層的要素を含んだ言葉がある。目上、上司などが下位の者に向かって使うのがふさわしい言葉と目下、部下等が目上、上司等に対して使うのにふさわしい言葉である。よく知られているのは「ご苦労様」である。一苦労して帰ってきた上司に「ご苦労様でした」と部下がねぎらいの言葉をかけるのは失礼なこととされている。黙って無視されるよりはよいが、戸惑いを覚えることは確かである。

「お疲れ様です」が無難だというが、出張から帰って翌日出勤したとたん朝一番に「お疲れ様でした」と声をかけられるのも考えものである。朝からこの言葉を聞くと本当に疲れを感じる。お疲れ様がふさわしくないとなれば、黙っているほかない。しかし、黙っているより何か一言あったほうが和《なご》む。そのときは「ご苦労様でございました」あるいは「お帰りなさい」と軽く頭を下げれば、目下のものが上司をつかまえてえらそうに言う感じはなくなる。

学習のポイント

○相手のことを尊敬し、礼を尽くし、大切に接するときに使う言葉づかいが敬語である。
○相手の行為やものに「お」や「ご」をつけ、自分や身内のそれにはつけない。

第8章

差別語、差別的表現の知識

月　日（　）

1　差別と差別語

歩行中の人や電柱にのぼって作業している工事人が突然ハイエナやハゲタカ、トラなどに変身する。そのあと「野獣は普段人の顔をしている」というコピーが流れる。

これは平成十九（二〇〇七）年五月にテレビ放映されたある大手警備会社のテレビコマーシャルである。電気工事人を侮辱し、差別を生む恐れがあるという理由で中止された。

電気工事の作業員は実際に住宅街でよく見かけるだけに、あの人がときに野獣に変わることがあるのかと短絡的に誰かが思ったとしても不思議ではない。一度心の中に刻まれた疑心暗鬼はやがて「電気工事人＝ハイエナ、ハゲタカ」の図式に成長し、要注意人物のイメージが固められる。

誰かを悪いものにたとえる、自分より劣るものを探し出して喜ぶ、一つの特異な例を全体に及ぼして論ずるといった心の作用。これが差別の始まりである。

定義すれば**差別**とは「人間としていささかの違いもないのにあえて違いを言い立てられ、正当な権利の制限、剥奪、不平等取り扱いなどを通じて疎外され、精神的な屈辱を与えられるとともに人生の安穏を脅かされること」である。

つまり、天賦人権が無視され、人が生まれながら、もしくは後天的に背負う階層や階級、社会環境、生物的条件を根拠に、理由のない人格否定、存在基盤への攻撃を受ける状態である。

一方、**差別語**とは「差別を固定化し、助長する言葉」である。意図的であれ、無意識であれ、言われた側が差別感や不快感を抱き、さらにそれが繰り返されることにより意味やイメージが社会的に固定化される言葉である。

マスコミや役所はそのメッセージの受け手が不特定多数で及ぼす影響範囲が大きい。表現が差別性を含まないかどうか慎重な配慮が不断に必要とされる。

よく問題になるのは、差別語と差別的表現の両者の関係である。これは一言でいえば単語と文章の関係である。基本は、単語それ自体が差別性を内包すれば差別語であり、表現自体が差別性を内包すれば差別的表現と考える。しかし、差別語を使ったからといって、その言葉を含む表現全体がただちに差別的表現になるとは限らない。逆に差別語が用いられていなくても差別性が明らかであれば、差別的表現になる。

たとえば「今朝は上半身の気分はいいが、下半身は障害者状態である」と職場へ来て冗談めかして言ったとする。一言も差別語は使われていないが、障害者を健常者と比べて不能、劣るものという意識が明らかに見え、差別発言といえるのである。

「ウチの主人は頭が悪いから歯医者にしかなれなかった。歯医者と言えば聞こえはよいが、穴を掘ったり、セメントをつめたり、大工、左官屋さんと同じよ」

これはあるテレビのドラマの中のセリフである。大工や左官屋への差別意識丸出しである。

一般的に差別発言や差別的態度は差別語よりたちが悪いとされている。テレビなどでは出演者の不穏当発言のお詫びがテロップで入るが、何が不穏当だったかは言わない。差別語の使用や禁句のみに関心が向いている印象がある。なお、差別は差別される側の対象によって部落差別、人種差別、民族差別等の身分差別、職業差別、障害者差別、女性差別、同性愛差別、老人差別、外国人差別等に分けられる。

2　差別語問題の沿革と現在

差別語問題は一九七〇年代に被差別部落、女性、障害者などの解放運動の中で議論が高まり、一つのピークを迎えた。

平成五（一九九三）年、高校国語の教科書に掲載された筒井康隆の小説『無人警察』の中の「てんかん」表現に対して日本てんかん協会から抗議が行われ、この抗議に表現の自由を守るという態度を見せなかったマスコミの姿勢に抗議して作者が「断筆宣言」をしたために、差別語、差別的表現問題が一気に社会的トピックになった。

問題のポイントは次の三点である

①差別語とされる言葉を使うことは絶対に許されないのか。

②差別意識が伴わないなら差別的言語の使用は一定程度許容されるのか。

③差別語規制により文化遺産としての古典や伝統芸能等の正しい継承、保存はどうなるのか。
様々な議論を経て、意識の問題が最も重要であり、差別かどうかは差別語が使用された文脈の中で判断されるべきものとの見解に達した。かつ、この問題には次のような基本的態度で臨むべきこととされた。
①差別語、差別的表現はすべていけない、タブー視するという形式的な規制はとるべきではない。差別語を使ったかどうかより、差別をしたか、意識があったかを問うべきである。
②だからと言って差別を感じる人がいる以上その乱用を放任はできない。差別されるものへの深い認識と配慮、洞察が不可欠であり、差別意識がないということが具体的な行動を通して示されなければならない。
③各種の差別、分断を生み出し、固定させている政治、経済、社会構造、そこからくる生活意識が人々の間になお継続している。その構造にメスを入れなければ差別問題は解決しない。差別の実態がなくなれば、差別語は自然に淘汰されていく。

つまり、ある発言、ある文章が差別的表現に当たるかどうかは、差別単語の使用ではなく、基本的に前後のつながり、文脈全体で判断するべきものとされたのである。

ただし、ここに大きな問題がある。文脈全体でとらえるという常識的で明快な判断基準にもかかわらず、その文脈の是非を誰が判断するかとなるとその主体もしくみも内容も明快ではないのである。

第一義的には言われた側に判断権があると考えるのが常識であるが、それだけでは社会的ルールとしての客観性に欠ける。意識改革を伴った当事者間の話し合いの中で一定の結論を得るほかないのが現状であるが、差別をゼロにするためには権威ある第三者機関によるガイドラインの提示や啓発が必要であろう。

繰り返すが、差別語というものがあるわけではない。その言葉を借りて差別を行おうとする意識が問題視され、払拭されなければならないのである。糾弾や抗議を恐れて無定見、形式的に言葉の使用を自己規制すると、多くの貴重な日本語を失わせ、文化の衰退を招くことになりかねないのである。

「富山の薬売り」という言葉は差別性を含まず人々に親しまれた歴史のある呼称だが、テレビ局が自己規制により家庭薬販売員とか、富山の置き薬という表現に改めた例がある。差別語の抗議をわずらわしいトラブルとしか考えない皮相な対応というべきである。マスコミの差別語禁句集や放送禁止用語集は、疑わしきは使わない、使わなければ安全という安易な考えの典型といわれる。

辞書からも差別語が消えている。「差別の恐れのあるものは隠して使わず」という一種の言葉狩りが進んでいる現状をどう考えればいいのか、避けて通るのではなく、また、あいまいにぼかすのではなく常にクリアな問題意識をもって臨むべきことに思える。

3　差別語、差別的表現の実際

何が差別語か差別的表現か、社会通念が確立し、使わないこととされている主な言葉を次に掲げる。

(1)　被差別部落問題をめぐる差別語、差別的表現

○特殊部落
○部落（※）
○部落民
○穢多
○非人

○士農工商
○穢多非人
○四つ
○かわた（皮田、皮多）
○かたい

○かぼ
○ちょうり（長吏）
○新平民
○ちょうりんぼう

※部落は関西では被差別部落の代名詞だった。現在は地区や集落と言い換えることが多い。

(2)　職業をめぐる差別語、差別的表現

○屠殺（※①）
○屠殺場（※②）
○畜殺場（※③）
○犬殺し
○バタ屋（廃品回収業）

○人夫（労働者、作業員）
○土方、土工（建設作業員、建設労働者）
○小使、用務員（校務員）
○女中
○女工

○隠坊（亡）（火葬係）
○清掃夫（清掃作業員）

○百姓（農民、農業従事者）
○ドヤ（簡易宿泊所）

※（　）内は言い換え語。
※①〜③　これらの言い換え語は食肉処理、食肉解体、屠場、食肉処理場である、食肉市場。直接差別語を使わなくても「残忍な牛殺し」という翻訳書の文章が問題になったことがある。食肉解体職員の仕事が牛殺しに結びつき、食肉処理場が残忍な場所というイメージを植えつけるとされた。何度も言うが単語の問題ではないのである。

(3)　障害者をめぐる差別語、差別的表現

肉体の名称を借りた言葉には、マイナスイメージのものが多い。昔から人を罵倒したり、罵ったりするとき人は身体の欠陥や身分の違いを指摘する傾向があった。辞書には次のような言葉が載っている。

○肩身が狭い
○お手上げ
○腰抜け
○足手まとい
○手を出す
○手先

○手当たりしだい
○手引き
○片手落ち
○片思い
○片意地
○片親

○肝を冷やす
○毛頭ない
○頭ごなし
○面汚し
○面目ない
○眉唾

○目障り
○鼻つまみ
○頭打ち

○口車
○口達者
○歯がゆい

○頬かむり
○首が回らない
○顎を出す

以上はおおむねマイナス思考の言語である。プラス思考の言語は、「頭が切れる」「顔が利く」「鼻が高い」「片腕」などぐんと数が減る。

差別語とされているものは次の通り。

○かたわ、不具者（身体障害者、身体の不自由な人）
○ちんば、びっこ（足の不自由な人）
○いざり（両足の不自由な人）
○めくら（目の不自由な人、盲人、視覚障害者）
○めっかち（片目の不自由な人）
○つんぼ、おし（耳の不自由な人、ろうあ者、聴覚障害者、口が不自由な人）
○つんぼ桟敷（疎外されるところ、聞こえないところ）
○めくら滅法（むやみに、見当もつけずに）

○めくら判（いい加減に押す判）
○片目が開いた（やっと一勝をあげた）
○あきめくら（見ても気づかない）
○盲愛（ネコ可愛がり、溺愛）
○どもり（吃音者、言語障害者）
○気狂い、きじるし（精神障害者（近年精神障害というより、統合失調症ということが多い））
○精神異常者
○精神薄弱（知的障害、知的なハンディのある）
○文盲

○〜きちがい（マニア）

※（　）内は言い換え語。

○片手落ち（配慮がいっぽうにかける、片落ち）

このほか、障害者を不能者としてさらし者にし、差別性が強いとされる表現は次の通り。

○めくら蛇におじず

○めくら千人目明き千人

○めくら撃ち

○めくら探し

○めくら提灯

○群盲象をなぜる（※①）

○気違いに刃物

○狂気の犯行

○色気違い

○馬鹿につける薬なし

○馬鹿の一つ覚え

○馬鹿とハサミは使いよう（※②）

※①はっきり差別語とされていないが、使い方によっては差別的表現になろう。

※②単語としての馬鹿は差別用語ではないとされている。また、めくら窓、めくら壁、めくら縞、めくら鰻、めくら蜘蛛などは差別性が薄いとされている。

参考までに文学作品では、『ピノキオ』が障害者差別を助長するかどうかで問題になった。

ピノキオは一八七〇年代イタリアの作家コロッディによって書かれた子供向けの童話である。木の人形のピノキオがひとりで歩き出し、家を出ていたずらをしたり、騙されたりする冒険を繰り返しながら成長するという話である。びっこのキツネとめくらのネコのこじきが登場する。キツネとネコは悪者で、障害者になりすましてピノキオを騙す。しかし、最後にキツネとネコが本当に障害者になってしまい、ピノキオに助けを求めるという筋書きだ。

このストーリーには「障害者は惨めなもののシンボルである」という図式が読み取れる。「障害者＝惨め」の図式は障害者差別を助長すると抗議されたのである。確かに「障害者＝惨め、ないしは何もできない人」という偏見は現在も続いている。それがある限り、障害者への差別はなくならない。そこに抗議理由がある。障害者は権力を振り回されることが一番嫌だという。親の「逆らうと何もしてあげないわよ」の一言も権力であり、差別ではないがそれに等しい心の傷を受ける。掃除のとき障害者を「運ぶ」と言われるのも、荷物扱いで嫌だという。健常者ペースの権力行使だからだ。

気持ちの優しい人が「かわいそうに」と言うが、皮肉にも最も差別を感じる言葉であるという。優しい言葉が人を傷つけるというパラドックスに健常者は気をつけなければならない。なお、身体的特徴にかかわる言葉にチビ、デブ、ブスなどがあり、お笑い番組で笑いをとる安易な方法として使われている。これらは差別語とはいわないが、不快語である。やはり使うのは控えるのが望ましい。

(4) 女性、同性愛者、外国人、少数民族等への差別語、差別的表現

女性差別に関しては近年セクシャル・ハラスメントでもしばしばとりあげられ「女々しい」「女の腐ったような男」「女だてらに」「女の癖に」「女子供」といった偏見と差別観に満ちた比喩的表現は殆ど見られなくなった。だが、差別扱いがなくなったわけではない。予算編成担当には女性を異動させないとか、

女性の昇任枠を限定するとかの差別扱いは随所に見られる。

女性への差別語、差別的表現には、次のようなものがある。

○女中
○淫売
○婦人
○職場の花
○女史
○コンパニオン
○未亡人
○女流画家、女流作家
○女傑、女丈夫
○男子のみ（求人広告）
○男子の本懐（男子だけの本懐は女性差別であるという考えから）

外国人への差別語、差別的表現には、朝鮮人、韓国人、黒人に関するものが多い。

○朝鮮征伐
○北鮮、南鮮（この二つの呼称は差別の歴史の所産であり、朝鮮民族を侮辱する言葉とされている）
○鮮人（朝鮮の朝を省略した蔑称とされる）
○半島人（朝鮮半島は日本の一部という意味で半島人と呼んだ経緯がある。日本の植民地支配を正当化する言葉と受け取られている）
○第三国人（戦後在日韓国、朝鮮、中国人に対する差別的呼称として用いられた）
○バカチョン（バカは精神障害者に対する差別に通じ、チョンは朝鮮人に対する蔑視の言葉である。かつてエジプトから帰った三笠宮親王が、バカチョンカメラをもっていくべき

だったと語ったことが話題を呼んだ）

○チョンボ（中国語で勘違い、失敗の意味であるが、チョンがつくために在日韓国人、朝鮮人には差別語と聞こえる）

その他次のような差別語、差別的表現の例もある。

○クロ（明確な黒人差別）

○酋長（野蛮人という偏見をあおる恐れ。アイヌに関しては酋長はいない。事実誤認）

○ジプシー（ジプシー強盗、ジプシーすりのイメージ。盗人、不潔漢、怠け者など悪の代名詞として使われることが多く侮蔑的差別語とされる。ジプシーは英語系の言葉。定住地をもたない放浪の種族集団であるが、現在は定住化も進んでいる。フランス語ではジタン、ドイツ語ではチゴイネル、スペイン語ではヒターノ。公式呼称はロマ人、ロマニである）

○支那（日本人が現在の中国と台湾を戦前こう呼んだ。日本による中国侵略の暗い歴史を思い起こさせるのである。東シナ海などのシナは地理上の呼称であり許容範囲に入る）

○インディアン（民族的人種的偏見をあおる恐れ。ネイティブ・アメリカンと言い換える）

○エスキモー（民族的人種的偏見をあおる恐れ。イヌイットと言い換える）

○現地人

○後進国

(5) 職場の差別的符牒

最後に、日常の業務の中で仕事の符牒として差別的言辞を使っていないか、足下のチェックをする必要がある。たとえば家庭内暴力（DV）に関するものである。DVは、いわゆるDV防止法（配偶者からの暴力の防止及び被害者の保護に関する法律、平成十三年四月）が制定されてから社会問題としてクローズアップされているが、福祉事務所の窓口で「逃げ母子」といった呼称が職員間でさりげなく使われているのである。

「私たちはそんなふうにここでは呼ばれるのですか」と抗議する母子がいたという。

差別の意味はないけれども、かつて大蔵省の役人が国民のことを「コマ」と呼称して業務用語とし、いつの間にか見下げる意識をそこに重ねたように「逃げ母子」は業務の符牒を超えて差別語の染みをつける恐れがある。

福祉行政の分野では、相談、認定、給付事務などが多い。いろいろな事情で窓口に来る住民を区別する必要があり、クライアントと呼んだり、ケースと呼んだりしている。あらためて、住民の人権、心を傷つけるような呼び方をしていないか、見直す必要がある。

仕事の符牒は自然発生的につくるのではなく、誰に聞かれてもいいように公然と開かれた状態で意識的、かつ将来にわたって活用できるように形成されなければならない。微妙なケースもある。納税にきた住民に「ご苦労様でした」と言ったら怒られたという。住民は役人が高いところから見下ろすように言ったと受けとったようだ。「ありがとうございました」なら、無難だっただろう。

さらに言えば、過剰な配慮が差別語を生むケースもある。たとえば「患者様」である。丁寧な呼称であるが、患者からすれば病気という不幸に様をつけられた気がしないでもない。病院の業績アップに寄与する意味での様扱いか、と勘ぐりたくもなる。もちろんそういう意味ではなく患者を大切に扱うというサービス向上の一環であろうが、不相応に高く祭り上げられるときは、逆に居心地が悪い。そんなことでサービスがよくなったとは誰も思わない。そんなことより親切な案内、丁寧な説明の方がありがたいのである。

学習のポイント

○差別とは人として何の違いもないのにあえて違いを言い立てられ、正当な権利の制限、剥奪、不平等取扱などを通じて疎外され、精神的な屈辱を与えられるとともに人生の安穏を脅かされることである。

○差別語を使ったからといってただちに差別的表現になるとは限らない。逆に差別語が使われていなくても差別性が明らかであれば差別的表現というべきである。

○差別かどうかは差別語が使用された文脈の中で判断される。

第2部

実践編

―仕事に役立つ国語のテクニックを伝授―

公務員レベルUP!!

第1章

話すこと、書くことの初歩的留意点

月

日（　）

1　助詞の効果

(1)「が」と「は」

日本語は単語と単語を助詞で結びつけるので**膠着語《こうちゃくご》**といわれる。膠着とは膠《にかわ》でくっつけることで、助詞を接着剤の膠にたとえているのである。

日本文はこの助詞の使い方一つで文章や話に微妙な陰影がつく。

文章は主語（名詞）と述語（動詞）で成り立つが、主語につく助詞に「が」と「は」がある。「君が」「ぼくが」「私は」「あなたは」というときの「が」と「は」である。犬や猫、木や石が主語でも必ず助動詞の「が」または「は」がつく。

たとえば「おじいさんは」と「おじいさんが」はどう違うのか。まだ一度も登場したことのないおじいさんが現れるときには「が」でおじいさんを受ける。「昔々あるところにおじいさんが住んでいました」と日本昔話は始まるのである。そして、「おじいさんは山へ芝刈りに…」と続く。一度登場し、すでに承知しているおじいさんだから「は」で受ける。

つまり、未知のことや疑問、新発見の主語について語りだす場合は「が」、すでにわかっている、既知の主語には「は」をつけるのである。

童謡の「春が来た、春が来た」の「が」は、いつ来るかわからないでいるところへ、来たのが春だった、という未知に対する用法の「が」である。

「春の小川はさらさらいくよ」の「は」は、すでに春が来たことがわかっている。小川の流れも春の中にあることを誰もが承知しているという既知の「は」である。

「本があった」といえば何があるかわからなかったが、「あったのは本である」の意味である。「本はあった」と言えば「探していた特定の本があった」という意味である。

「平田がきた。平田はお土産をもってきた」というときの「は」と「が」の違いも同じだ。平田が来るかどうかわからないときは「が」をつけて未知状態を表し、来たあとは既知状態なので「は」をつける。

ちなみに助動詞「は」の働きには四つあるといわれる。

第一は「は」によって場もしくは主題を設定して説明する働きである。説明とは、先の文では「お土産をもってきた」の部分だ。いわゆる「AはBする」という構文である。

第二は対比の働きである。「平田はステーキは好きだが、うなぎは嫌いだ」というような場合だ。「平田は」と話の場を設定して、その後に「ステーキは好きだが、うなぎは嫌いだ」と説明の言葉をつけている。「ステーキは」「うなぎは」と二つの「は」で対比しているのである。

第三は限度を示す働きである。「十二時に来てください」「十二時には来てください」

二つは同じ意味に思えるが、ぴったり十二時と遅くとも十二時、その前ならいつでも結構という違いがある。後者は遅れてきても十二時が限度であることを「は」で示している。

第四は留保の働きである。

「嬉しそうには見えた」「出席はした」のような表現。嬉しそうだが一〇〇％手を上げて嬉しがってはいない。出席したけれども、単純に出席したのではないというように、何か言外に意を留保していることを暗示する「は」である。

一方「が」には主に二つの働きがある。

第一は名詞と名詞をくっつける働きだ。

「平田がくることを皆は知らなかった」「木登りがパンダは得意である」「目が乾燥する」

どれも「が」の前と後には名詞がくる。最初の例では「平田」と「くること」が名詞である。後の例は木登りとパンダ、目と乾燥が名詞である。

第二は未知の現象を説明する働きである。

「犬が啼いた」「りんごが落ちた」「人が泳いでいた」

この三つの文は、主語を受ける「が」の後に動詞がきて、起こった現象を説明している。「何かが吹いたがそれは風だった」「何かが落ちたが、それは何かというとりんごだった」「何か動いたが、見れば人が泳いでいた」というように未知のことが起こったその現象を説明している。

これに対して「犬は啼いた」「りんごは落ちた」「人は泳いでいた」と主語を「は」で受けると、あらかじめ承知している特定された犬、特定されたりんご、特定された人がどうしたかという説明になる。

以上のように「が」と「は」には、はっきり違いがある。その使い分けを私たちは普段意識していないが、話したり文章を書いたりするときには気配りすべきことである。微妙な違いだが、話相手や読み手に訴える印象が異なるのである。

職場などで「ぼくがやります」「ぼくはやります」というような場面がある。「ぼくが」と「ぼくは」では積極性に違いが出る。「ぼくがやります」と言えば、かなり前向きである。担当の決まっていない仕事や用事などでは真っ先に手を挙げるニュアンスが出る。「ぼくはやります」と言えば、まだ気持ちは決まっていない。命令してくれればやらないことはない。やることはやるが、なんとなく義務感でやるというニュアンスがでる。進んでやるのと、義務感で腰を上げるのとでは印象が違い、評価も異なってくる。

微妙であるだけに、「が」と「は」の使い分けの効果は見逃しやすいが、わかる人にはわかる。毎日の会話や文章の中でどちらを使うか、意識的になることで人に差がつけられるのである。

(2) 「が」と「で」

助動詞の「が」は、「で」との間にニュアンスを分ける機能もある。

「……がいい」「……でいい」「……でもいい」などの助動詞の使い方の差である。数人でレストランに入ってよく経験するのは「カレーがいい」「カレーでいい」「カレーでもいい」というように人それぞれにニュアンスがある。積極的に好みを言う人、人にならって決める人、なんでもいいやとばかりに「でも」をつけて曖昧に言う人。これらの表現の差には性格の違いばかりでなく主体性の強弱を語る差がある。

人事異動などで「あなたがいい」と言われるか、「あなたでいい」「あなたでもいい」と言われるかではまた大違いである。言われた方の心の弾みが違う。この表現の違いには評価が入っている。選択の意思が反映している。「でもいい」と言われては進んで異動して行く気がしない。結婚相手に言われたら、一生恨みに思う「で」と「でも」である。「が」と「で」と「でも」の使い分けは積極性のアピールだけではなく、人間関係にも影響するのである。

(3)「へ」と「に」

これも微妙な助動詞である。たとえば「明日京都へ行く」と書くか「明日京都に行く」と書くかで小説家は一日考えたりするという。学校へ行く、学校に行く。どちらでも意味は通じるし、大差がないように思える。

言語学者大野晋の『日本語の教室』（岩波新書）によると、「桜田へ鶴鳴き渡る」「大和へ越ゆる雁がねは」「都へのぼる」というように「へ」は移動の動作を導く。しかも、「へ」の指し示す場所は桜田、大和、都など遠いところである。つまり遠いところに向かって移動するときに「へ」が使われる。

一方「に」は、「港に停泊」「岸辺に寄せる」「あなたにあげる」というように、近いところの確かな場所に行き着くというときに使われているという。「家に帰る」「デパートに行く」「大島に渡る」など行動の行き着く先が明瞭なのである。

「石を川へ投げる」と言えば、川の方へ向かって投げることであり「石を川に投げる」と言えばはっきり川の中に石を投げ込むということである。お土産を「あなたへあげる」と言うのと「あなたにあげる」の違いはどうか。

「あなたへ」と言えば、あなただけが独占しなくてもよい、誰かに分け与えてもかまわないという解釈の幅を示している。しかし、「あなたに」と言うときはあなたが独占しなさい、独り占めにして欲しい、それが私の気持ちだという強い意志を表現している。ひそかに好意を抱いている人に「あなたにあげる」と土産を渡したのに職場のみんなにばらまかれたらがっかりなのである。

最近テレビで「全国の怠け者へ」というコピーのあるコマーシャルが流れているが、はっきりと不特定多数の怠け者に向かってメッセージを発しているということが、この「へ」の使い方でわかるのである。

たかが「へ」と「に」であるが、「が」と「は」と同様に微妙な違いがあり、それが会話や文章の味付けになっている。それはどこか日本料理の素材を生かした淡い味付けに似て、はっきり違いを言いにくいが、はっきりと違いが表現されているのである。

役所での接遇や議論、文章表現にあたって、それくらい神経を使った対応をすれば、まずトラブルが起こることはない。

(4)「に」と「を」

たとえば「山に登る」と「山を登る」の二つの表現の違いである。

前者の「に」は行為の対象がはっきりと山そのものにあることを表している。後者は「山を登った後温泉に入った」というように登った行為は一つの通過点であり、温泉に入ったことが主目的であるという含みを持った「を」である。

文章の姿から言えば「山を登った」でセンテンスを完結するのは中途半端になる。「山を登っているとき熊に会いました」というように熊に会うような出来事がその先に予想されることを暗示するのがこの場合の「を」といえるのである。「山に登っているとき熊に会いました」も表現としてはありうるが、「山に」と「熊に」が対等に強くぶつかりあい、熊に会ったという衝撃的な出来事の印象が薄れる。どちらを強くアピールしたいのか、狙いを明瞭にする意味でも「を」の使用に配慮すべきである。

先にも述べたように、こういうケースで作家は「に」にするか「を」にするかで何時間も悩むというが、作品の意図の実現にどちらが寄与するかを推し測るからであろう。画家も同じである。絵を描くにあたってある色面を強くするか、弱くするか、表現の到達点との兼ね合いで計算する。プロの仕事はそれくらい繊細精密であるが、そういうプロ根性を行政マンも見習う必要があろう。

(5) 「に」と「と」

会う、話すなどの動詞は誰か相手がいる場合に使う。ここでは「に」と「と」の使い方が問題になる。

「朝、駅のホームで洋子さんと会った（洋子さんに会った）」

「論文の書き方について、上司と話した（上司に話した）」

この二つのセンテンスの「と」と「に」の違いは、「と」は両者があらかじめ打ち合わせ、意思を通じて行為をした、というニュアンスの表現が強い。

「に」には、偶然もしくはこちらの一方的な意志でその相手と会った、話したというニュアンスがある。行為の主体がどちらにあるか、受身か能動か、積極的か消極的かといった行動者の態度が「と」と「に」の使い方には現れる。

(6) 「を」と「で」

「健康づくりのため毎朝公園を走ります」

「健康づくりのため毎朝公園で走ります」

この二文の違いはどこにあるか。「公園を走ります」の方は公園だけでなく道路や川べりも走ることがある、という含みのある表現である。「を」と「に」の項で述べた「を」の意味と同じである。「公園で走ります」は、公園の中だけで走っている。公園の外では走っていないということを語っている。

「方程式を解く」
「方程式で解く」

というような「を」と「で」の使い方もある。前者は方程式を解くことが目的であり、後者は何かの問題が別にあり、それを方程式を使って解く手段の意味である。したがって文章にする場合は目的語が必要になる。先の例の「走る」は自動詞で目的語を必要としないが、「解く」は他動詞であるため必ず目的語がなければならない。

(7)「まで」と「に・へ」

「行く」「くる」「着く」といった動詞のことを移動動詞という。行為の到着点を示すのに「まで」「に・へ」といった助詞があるが、このうち「まで」は到着点が最終目的地でない場合に使う。「JRの電車で浜松町まで行ってモノレールに乗り換えた」というように用いる。

最終目的地が浜松町であった場合は「へ・に」を使い、「浜松町に行った。浜松町へ行った」とする。「へ」と「に」の違いはすでに述べた。

(8)「と・や・か」

これらは並列助詞と言われるもので、同じようなカテゴリーの名詞を並べるときに使われる。


「昨日、カレーとハンバーグを食べた」

「昨日、家族でカレーやハンバーグを食べた」

「子供は昨日カレーかハンバーグを食べたはずだ」


「と」は食べたものをすべていう場合に使う。したがって他のものは食べていないことを示す。

「や」は、ピックアップされたもの以外にも食べたものがある。挙げたものは代表的なものだけである、という場合に使う。であるから「カレーやハンバーグ等」と、「等」を付け加えることができる。

「か」は挙げたもののうちのどれかを選択して食べたという場合に使う。

「と」と「か」を使った場合は名前を挙げたものだけにモノが限られるから「等」は使えない。

ちなみに**「等・など」は行政用語として乱用されているものの一つ**である。議会答弁などで、たとえ列挙した項目に漏れがあったとしても「等」を加えておけば言い訳ができるからと、保険代わりにむやみに使う。国の白書を見れば一目瞭然だが、「等」だらけである。これが文章をしまりのないものにする元凶の一つになっている。漏れに対する保険をかけたつもりの「等」が禍を呼ぶことがある。
「この『等』は何を意味するか」と上司に質問され、答えにつまる。「何もないのだったら削っておけ」

と言われる。

(9)「の」

「の」には簡略化機能がある。たとえば「林さんが着ている服」という主語と述語からなる文章は「林さんの服」と名詞化できる。

○事務室を掃除する→事務室の掃除
○小川さんが書いた論文→小川さんの論文
○歴史について書かれた本→歴史の本

また、「の」は名詞の省略にも使われる。

○A君の服の色は黒、B君のは青、C君のは茶色

こういう「の」の用法は文章を引き締める効果が高い。**一般的に話を聞く人は話す人より、文章を読む人は、書く人よりも理解の速度が速い**。理解の速度に比べて話や文章の描写速度が遅いと「この人の話、この文章はだらだらしている」と聞き手、読み手がいらだつ。

その点「の」で、名詞化すると文章に安定感と速度感が生まれ、実際に伝達速度もアップする。

2　文末と語尾

周知の通り日本語文は最後に結論がくるのが特徴である。判断がセンテンスの末尾で示される。最も大事な肯定、否定、推定、回想、疑問が文末で明らかにされる。

この文末と呼応関係にあるのが、主語につく「が」と「は」であることはすでに述べた。わかりやすい文章ないし話をするには、この文末と主語の間「Ａは（が）Ｂである」の間をできるだけ短くすることがコツであるが、そのことは後で述べる。

文末にくるのは基本的に動詞である。動詞によって結論、判断が示される。ただし「日本語の六割は名詞」といわれる。文末に名詞のくる例がないではない。

春過ぎて夏来るらし白妙の衣乾したり天の香具山

これは持統天皇の歌であるが、名詞が最後に来て夏の到来に対する強い感動を表している。山上憶良にもすべての単語を名詞でつづった歌がある。また「ああ、どこから見ても美しい富士山」という名詞止の文もある。どこにも判断辞がないが、それでも、富士山の美しさへの感動は確実に伝わってくる。

とはいっても、これらは例外的な文末である。動詞で文末を締めくくって判断を示すのが日本語文の本来の姿だ。

動詞は名詞に比べると数がずっと少ない。しかも「来る、行く、なでる、噛む、読む、呼ぶ、走る、叫ぶ」など終止形の音は必ず母音のｕと決まっている。動詞の数の少なさを補うために、助動詞を動詞の下につけて微妙な意味を表しているのが、また日本語文の特徴になっている。

助動詞とは「だろう、ない、た」などである。さらに助動詞の下に、「よ、ぞ、ぜ」などの助詞がつくことがある。文頭に「ただし、多分、おそらく、残念ながら」といった予測の副詞をおいてこれから述べることを予告し、いきなり断定し露骨に結論を示すことを避ける語法もある。断定を避ける文末の形はほかに「かもしれない、はずだ、違いない、そうだ、ようだ、らしい、もようだ」といった表現がある。

要するに日本語文は、動詞、助動詞、助詞で文末が構成され、その全体が判断辞になっているのである。日常の言語表現ではこのことに十分注意する必要がある。**行政の仕事の言語は論理的で正しく明快であることが第一であるが「微妙な明快」ということも求められる。**はっきり言える段階ではない、しかしここで言わなければならないというようなケースだ。特に内容がないときほど、微妙かつ明快な主語、動詞、助動詞、助詞の使い方が求められるのである。

3 「もの」と「こと」

文章を書くときにしばしば迷うのは「〜ものである」という表現である。「私は住民に真に開かれた行政を展開するものである」

この場合のものとは、「者」か「物」か。

「者」の辞書的意味は人であり、代名詞としての「あいつ」「きゃつ」といったニュアンスでもある。一方「物」の意味は多様である。形ある物体、飲食物、着物などのほか、霊妙な作用をもたらす仏、神、鬼のことをいったりする。世間一般の事柄、動作や作用や心情の対象となる事柄、言語、それと言いにくいことを漠然と示す語でもある。さらにそうあって当然のこと（物申すなど）や名詞、形容詞の語頭に添えて何とはなしにそうであるという意味を表すこともある（物悲しいなど）。

「もの」は辞書にはこのように七色模様に交差する意味合いが説明されているが、要するにはっきり「物」、ないしは「者」と区別して述べるべき場合以外は「もの」ないしは「モノ」と仮名で表現するのがよさそうである。

一方「公務員が働くことは住民を幸せにすることである」「過去に例がないことから、認めることはできない」というような場合の「こと」とは何をいうのか。言葉を指すのか、事を指すのか。両方の意味を含むのか。

辞書によると「事」の意味は実に多様である。「言」と「事」はもとは同義という。世に現れる現象、出来事、事件、事情、事態、理由、行事（事の始め）、言ったり行ったり考えたりする中身、思考、表現の内容、意味する実態（弁天小僧とはおれのこと）、「それについて言えば」という前置き（私事、一身上の都合により）、上下に続く二つの体言の間に挟んで二つが同一の実態であり、上が通称名、下が正式名称であることを示す（清水の次郎長こと山本長五郎）、女性語で感嘆、疑問などを表す言葉（あなたのことが忘れられない、それでいいこと？　私のこと好き？）

理由を「こと」でまとめて言う場合もある。

「学力が低下していることから、土曜日の授業実施も考えている」

この例では「ので」と同じ意味である。

「こと」も「もの」に劣らず用途が広くてその曖昧微妙さは絶妙である。結論としては「言と事」は「者と物」の関係同様、相互に浸透しあった使い方がされている。使用にあたっては「言」ないしは「事」の文字がふさわしいケース以外、「こと」ないしは「コト」と仮名で表現するのが適当であろう。

言語学者の大野晋によれば、「こと」の一番古い意味は約束、任務、儀式だという。間違えては決していけない言葉、または行為を指していう符牒であった。

今でも退職願や始末書などにはこと改まって「私儀」という言葉を使う。「私儀、今般一身上の都合により……」あるいは「私事、一身上の都合により……」と威儀を正した書き方をする。この「儀」と「事」の意味はともに「については」「に関しては」である。儀は形式を整え、順序をきちんと踏む作法を表す。「事」も作法にかなう行為を表しているという。

以上この項目で述べてきたことを簡単にまとめると、「もの」は存在する物体そのもの、手で触れ得る存在物を示す。一方「こと」は基本的に手で触ったり握ったりすることが難しい、たとえば水道管が壊れて水が溢れていること、犬が走っていること、人が汗を流していることのような事柄を示す。絵などでも「こと」を描くのか、「もの」を描くのかということがある。前者はイメージ、後者は実在物の表現である。要するに観念と現実である。

ここで特に行政マンに留意して欲しいことは、**「もの」と「こと」の区分に対して意識的であれ**ということである。先輩たちがずっと使っているから使う。先例にあるから見習うということではなく、なぜ「もの」や「こと」という表現をとるのか、どういう意味かという問いを発し、その奥にある歴史的な言語文化と今日的意義に想像力を働かせてほしいのである。それが権威的で難解な役所言葉是正への原動力になる。個人的には一行政マンとしての文体確立への一歩となると考えるのである。

4　「じ」と「ぢ」、「ず」と「づ」

中世から近世にかけて、たとえば「ふじ（富士）」と「ふぢ（藤）」「はず（筈）」と「はづ（恥づ）」は発音の異なる言葉であった。それが時代とともに接近し、いつのまにか同一化してしまった。

これらの書き分けを明快に定めたのが、昭和二十一（一九四六）年の内閣告示「現代かなづかい」である。このときは「当用漢字表・一千八百五十字」も定められた。当用漢字表は昭和五十六（一九八一）年に「常用漢字表・一千九百四十五字」に替えられ、昭和六十一（一九八六）年には「改訂版現代仮名遣い」が内閣告示された。以後「人名用漢字別表」「送り仮名の付け方」「改定現代仮名遣い」「改定外来語の表記」などが内閣告示されている。

「じとぢ」、「ずとづ」の表記の原則は次のようにまとめられる。

○文章を書く場合には「ぢ」「づ」は用いない。「じ」「ず」と書くのを原則とする。
○つづみ（鼓）、つづく（続く）、ちぢむ（縮む）、のように同音がつづいて濁る、つまり二語の連結によって「ち」「つ」が濁る場合は「ぢ」「づ」と書く。

例　鼻血（はなぢ）、竹筒（たけづつ）、近々（ちかぢか）、悪知恵（わるぢえ）、小ぢんまり（こぢんまり）、底力（そこぢから）、味噌漬け（みそづけ）、三日月（みかづき）、小遣い（こづかい）、

小包（こづつみ）、近づく（ちかづく）、頷く（うなづく）、書きづらい（かきづらい）

これらは連結前の「ち」「つ」から生じた「ぢ」「づ」であるので「ぢ」「づ」なのである。

○基づく（もとづく）、片付く（かたづく）は基につく、片がつくのもとの意味が残るから「づ」とする。

○躓く（つまずく）、額ずく（ぬかずく）はつくの意味が残っていないから「ず」を使う。人妻はつまからの変化だから「づま」とする。しかし、稲妻の「つま」には女の意味がないから「ずま」にする。

○「いちじく（無花果）」「いちじるしい（著しい）」は例外とする。

○漢字の音読みでもともと濁っている場合は、表記の原則を適用しない。

例　地震（じしん）、政治（せいじ）、旅路（たびじ）

○くっついた二語が一語化してしまって、現代感覚では二語に分解できないと思われるものは本則に従って「じ」「ず」と書く。

例　一日じゅう（いちにちじゅう）、世界中（せかいじゅう）、固唾（かたず）、稲妻（いなずま）、絆（きずな）、躓く（つまずく）、一人ずつ（ひとりずつ）、一つずつ（ひとつずつ）

なお、この仮名づかいは科学、技術、芸術その他各種専門分野や個々人の表記にまで及ぼそうとするものではないとしたので、「いなづま」「せかいぢゅう」などは今も許容されている。だが、「ひぢ」「みづ」「あづま」などは特別な場合以外は使わないことになっている。

朝日新聞の『用語の手引き』によると、新聞では「ぢ・づ」と「じ・ず」の用法は次のように表記することになっている。

いれぢえ、ちゃのみぢゃわん、ばかぢから、あいそづかし、あいづち、いもづる、おおづめ、おりづめ、かいしゃづとめ、きづかれ、こころづまり、こづく、てづかみ、ひづけ、まちづくり、ほおづえ、みづくろい、いちじく、いちじるしい、あいず、あせみずく、いいなずけ、おとずれる、おもしろずくめ、ぐずつく、かたず、かねずく、くろずくめ、さかずき、ずが、ずきん、ずじょう、ずぬける、でずっぱり、ほおずき、みずから、みみずく、むずかしい

仮名づかいは一度覚えてしまえば簡単であるが、行政マンは毎日文章を書くわけではない。忘れたり、記憶違いをしたりする。怪しいと思ったら、辞書で確かめることである。笑われる屈辱より少しの面倒の方を選択すべきである。

学習のポイント

○主語につく助詞の「が」と「は」の違いは、「が」が未知の主語につくのに対して「は」は既知の主語につくところにある。
○主語に対して文末の動詞をどう選ぶか、つまりその文でどういう判断をするつもりか、常に意識しながら文章を書き進めるべきである。
○仮名づかいは、怪しいと思ったら辞書で確かめる。笑われる屈辱より少しの面倒の方を選択すべきだ。

第2部　実践編

第2章

文章力の鍛え方

月　日（　）

１　官・民言葉の一致

縄文時代には文字がなくやまとことばが話されていた。弥生後期に漢字が入り、奈良時代に大量流入するとともに漢字を応用した仮名文字がつくられた。最初の仮名文字は漢字の音を利用し、やまとことばを文字化した万葉仮名であった。これで人名や地名などの固有名詞を書き表し、八世紀になると古事記や万葉集が編纂された。その後漢字の画数が省略され、いわゆる草書体が工夫され、そこから表音文字としてカタカナ、ひらがながつくられた。そして女性が政治権力や経済活動の外で活躍し、ひらがなを使った『源氏物語』や『枕草子』が生まれた。

しかし、公用語は漢字であり、公式文書は漢文で記録された。遣唐使の選抜、官吏登用試験の科挙も漢文で行われた。つまり、漢字は天皇のほか貴族や僧侶や特権階級など支配者の文字であった。一般人や女性はやまとことばをひらがなで書き表して手紙や日記や物語などを書くのに使っていた。

やがて勅撰集である『古今和歌集』の編纂がひらがなで行われ、仮名文字が公式文字として認知される気運が起こった。漢字文脈とひらがなのやまとことば文脈が合流し、歴史的熟成を経て現代日本語の漢字仮名まじり文の成立を見た。

そして近年のグローバル化の流れの中でおびただしい外来語が流入し、新たにカタカナ語文脈が漢字仮名まじり文脈に合流しつつあるのが、現代日本語の状況である。

公務員の国語を考えるうえで重要なのは、漢字文脈が権力者、支配層のポジションとして奈良平安の昔はもとより江戸、明治、昭和にいたるまで数百年間維持されてきたこと、およびそれが、中央、地方を問わず役所の言語文化として国民、住民のうえに君臨してきた歴史的事実である。

法令や裁判の判決文、通達や白書類の文体は、現在も基本的に漢文脈で書かれ、支配の文体としての勢いを保っている。国のキャリア職員などは入庁後数年を経ずして権威に満ちた立派な漢文脈の文体を身につける。言ってみれば国家の支配の文体と国民、住民の日常語の文体とは、今もって潮目のような境界線をもっているということである。近年、地方自治体で言葉の行政改革や文語体の言い換え、役所の専門用語の平明化が叫ばれているのは、この潮目をかき混ぜようという**官民言語一致運動**にほかならない。

それは「官語」の「国民語」への入れ替え運動ともいえる。目線の高さを同じにした言葉を潮目なしにフラットに使わなければ、役人と住民の考えや生活意識は同じにならない。母親が幼児語を話すことは誰でも知っている。それは目線を幼児と対等にしたとき、幼児と対話が成立することを母親が知っているからである。それと同じだと言うわけではないが目線と言葉の高さのあり方が行政と住民の関係を決めるということだ。

言い方を変えれば、それは言葉による分権、小さな政府論推進の一環なのである。公共空間における官の独占時代が終わって、地域で官民にわたる様々な主体が協力連携する協治・ガバナンス体制の時代である。官僚の無謬《むびゅう》性は幻想であり、エリートに任せておけばすべてうまくいくというエリート神話も失速した。権力行使の対等と言葉の対等が同時並行的に進む分権時代が足下を浸したということを私たちは認識しなければならない。

平成十九（二〇〇七）年五月、地方分権改革推進委員会が自治体を「地方公共団体」ではなく「地方政府」と呼称する提案をしたことは、その意味で画期的である。地方政府ということになれば、自治体ははっきり自分の言語をもつ、もたなければならないということである。国の文脈で仕切られた仕事を返上して、住民の言葉でサービスを提供するということである。

その視点に立てば、国と自治体の言語文化の改革の必要性がこれまで以上にはっきり見えてくる。文体革命を通して地方政府の樹立を目ざすことが求められるところである。

2　言葉の特質

人間が思いつきや気持ち、喜怒哀楽を形にする最善の方法、それは言葉にすることである。絵画や音楽もその力をもつが、感覚に訴えるから伝達手段としては精密さに欠ける。意思を正しく伝えるのには、なんといっても言葉と文字が最適である。言葉の表現の自在性、多様性はほかの意思伝達手段よりはるかに抜きん出ている。どんなに使っても目減りしないゼロコスト、無尽蔵性も大いなる特質である。加えて言葉には、力も色彩もスピードもある。重さ、軽さ、方向性ももっている。国家という擬制体が権力を行使し、支配体制を維持できるのはこの言葉とそれを裏打ちするための警察、軍事パワーが一体となるからである。言葉自体に強制力はないけれども、**言葉と対応する現実が言葉に力を与える**。イギリスの元首相サッチャーが「メッセージには力がある」と言っているのはこの意味である。

また、言葉は悪意による撹乱、虚偽、見せかけ、暴露機能ももっている。真実を伝えると同時に虚偽も流せるのが言葉である。現在はインターネットの世界がかなり汚染され、多くの人が被害を受けている。日常生活でも虚偽、瞞着《まんちゃく》、隠匿情報に振り回されることは誰もが経験済みのことである。私企業の反社会的行為や政治家の欺瞞行為も言葉の巧みな操作を通して行われる。

ところが、こういう言葉の暗部、マイナスを一切受け付けない明るい世界がある。それは、私たちが職業とする行政である。国民、住民の信託を受けた法令の執行者として当然とはいえ、嘘を言わない、偽情報を流さない唯一の組織体であることは注目されるべきであり、当事者の公務員は誇っていいことである。公務員は言葉で仕事をする人であると同時に言葉を正直に使う人である。

ここであらためて言葉の特質を整理しておこう。

(1) 言葉は心の鏡

心は見えない。しかし、あることはわかる。

「われ思う、ゆえに我あり」と三百年前のフランスの哲学者デカルトは言った。思うことは自分がいることだ、というのである。ずばり言えば心と言葉は、自分と鏡の中の映像の関係と似ている。心があるとき、必ず言葉がある。思うから言葉が出、言葉があるから思いがわく。言葉は心の自画像である。人間だけが描けるタブロー（絵）である。

そのことが第三者にもわかるのは、言語ないしは文字を使って語られるからである。最近読んだ小川由秋の時代小説『山県昌景』（PHP文庫）に「人間の強さは心から出る。自分の心を鍛えるのは武によってできるが、他人の心を知るには文によるしかない」とあった。武田信玄の言葉だという。

信玄は言葉の本質を熟知していた。言葉は銃刀と同じ力をもっている。銃刀で戦うのをできるだけ避け、調略、説得で天下を目ざした。深謀遠慮の戦略で信長、家康の心胆《しんたん》を寒からしめた信玄である。武将である以上に心の人、文化人だった。

言葉には、自分以外の存在を知り、それを誰かに知らせる働きもある。たとえば、花。これは花だと名づけたときに花は明快な存在となる。犬でも猫でも鳥でも、名づけられて初めて人間と向き合う存在となる。青空もいつか、誰かが名づけてくれたから、「鳥が空を飛ぶ、はやい、見てごらん」と人に言える。

この働きがコミュニケーションになる。コミュニケーションは認識と伝達からなる。「鳥が空を飛ぶ」は存在の認識を示し、「はやい、見てごらん」は自分以外への意思の分配、つまり伝達を示す。

私たちは世界を言葉で認識し、言葉で表現し、伝える。政治、経済はむろん、数学、物理、医学などあらゆる領域でそれが可能だ。

社会は言葉で組み立てられ、言葉でつくり変えられていくのである。この世で唯一万能の神は言葉であるといってもいい。聖書では「神はロゴスとともにある」という。神は言葉の化身なのである。そういう神なる言葉を使って仕事をするのが公務員である。そしてその言葉は支配性をもつだけに、使い方に慎重と配慮が必要なのである。

このことを言い換えれば、**公務員の言葉の操作には上手、下手があってはならない**ということである。上手、下手は住民が受ける利益の大小、損失の大小に結びつくからである。言葉とその果実の恩恵はすべての人に等しく及ばなければならない。その意味で、公務員は最高の言葉の使い手になることが望まれるのである。

(2) 言葉には効率がある

次に、**言葉はスリム化するほど伝達効率がよくなる**ということである。

言語は単なる伝達の記号ではない。その内部に形、色彩、重量、方向、スピード、コストをもつ。形とは、フォルムである。造形言語は球体、三角錐、流線型、長方形などを喚起させる。それが文章の字面や会話の凹凸になる。これは近代性や都市感覚、合理性や加工性などを表現する。

色彩とは、言葉に内在する色あいである。文章の色、会話の艶になる。抒情性や華麗さがここから出る。

北原白秋の歌は赤の色彩感覚に優れているといわれるが、言葉は世界の染色剤となり得る。言葉で人々を着色できる人は言葉の画家というべきだろう。

重量とは、文体や会話の言葉の重みである。有無を言わせぬ説得力に通じる。

方向とは「しかし」「残念ながら」「今ひとつ」というように向きを定める働き、あるいは「黒」と書いたら、すぐには「白」に戻れない言葉の慣性をいう。言葉は一定方向の未来性をもつ。文章の方向をいきなり変えると、飛躍する。唐突で意味不明といわれる。

スピードとは、言葉のもつ速度感である。軽い音《おん》の選択、歯切れと接続の滑らかさなどから生まれるリズムだ。一言でいえば言葉の拍であり、音《おん》の伸びである。俵万智の短歌には軽快と伸びがある。

コストとは、同じことを言うのに言葉を大量に使うか、少なく使うかの表現効率である。的確、簡潔にいうとき使う言葉量は最少になる。

このように言葉は物質的性質をもつ。過度に丁寧に扱い、念を入れた表現をすると意味のダブりや堂々巡り、くどさやあいまいさ、難解さや意味の拡散などが生まれる。スピードが落ち、伝達率が低下する。

漢字の使用量や名詞の選択も形や重量、弾力、色彩に影響する。接続詞や副詞は方向に作用する。

要するに**文章や会話には、言葉を使う人特有のトーンや色彩、スピード等が伴う**ということである。それはボキャブラリーが織りなす色模様であり、ハーモニーである。それを文章では文体という。会話では個性という。

以上述べたことを端的に言えば、言葉は表現行為の原材料、つまりインプットだということである。料理に似ている。材料の仕込みがよければ腕は二の次でもおいしい味にできる。言うべき内容に見合う的確な言葉が選択されれば、話も文章も生き生きするのである。

ところで、行政で特に問題としなければならないのは、コストである。挨拶や説明が冗長、電話が長い、説得が下手、内容に比べてぶ厚すぎる報告書、装飾の多い文章、複雑、曖昧な表現の多い事務マニュアル、くどい手紙文、回りくどい法律文、読みにくい判決文などは、過剰包装と言うべき言葉の浪費である。それは言葉という限りない原材料の限りない無駄遣いだ。誰も損をしていないように見えるが、実は公共財の浪費の最たるものといえる。

言語表現の効率は行政の効率である。言葉のコストは行政のコストにほかならない。行政改革、業務のシンプル化を叫ぶなら、同時に組織を挙げた語法のシンプル化が必要である。すなわち**言葉のスリム化、合理化**を進めるべきである。これまで言葉の見直しはあっても、この課題が自治体運営で問われたことがない。言葉のコストを分析したことも評価した事例もない。聖域であるように改革改善の空白地帯になっているのである。それは役所の言葉が常に支配者の立場であった国の歴史と関係がある。役所の言葉に誤りを決して認めない官の無謬《むびゅう》性神話が続いてきたせいである。

(3) 職務遂行力とは言葉力

言葉は仕事の最大の武器である。物がある、形がある、色彩がある、伝票がある、紙幣がある。私たちはこれらについての認識と伝達を何でするのかといえば、すべて言葉だ。絵画や音楽、手ぶり、身振りでもできるが、世界のあらゆる現象を認識し、伝達できる言語力には及ばない。

仕事とは言葉を駆使することである。命令、報告、説明、相談、議会答弁、住民交渉などすべて言葉で行う。

宇宙の果てはどうなっているのか、現代社会のリーダーたちは何を考えているのか、どうしたら職場が愉快になるかといった観念的、抽象的な事柄から、この人は何者か、どういう能力の持ち主か、あのバッグはいくらかという具体的な事柄まで言葉を使って質問し、解答をもらうことができる。

条例、規則の制定、政策提言、計画書の策定などについても同じだ。言葉で輪郭も内容も決めることができる。言葉は道具だが、本質は武器に近い。脅すことも戦うことも可能だ。文脈やレトリックを選ぶことは戦力、戦術を選ぶことといってよい。つまり、言葉が仕事のすべて、仕事のすべてが言葉なのである。

端的に言えば、能力とは言葉力だ。**言葉力の差が能力差になるのが、公務員世界の現実である。**しかし、私たちは普通に話せ、書ける。だから能力に不足はないと思っている。そのため仕事のスキルアップとは理解力、判断力、洞察力、行動力、先見力などにまずみがきをかけることだと考えている。

大いなる考え違いである。英語力と同じだ。英語の上達を願うものは、その前に日本語に強くならなければならないのである。頭の回転を早くし、理解力や判断力の向上を願うなら、その前にそれを表現する言葉に強くならなければならない。いわゆる職務遂行能力とは、究極的に言葉のパワーをいう。言葉が心の代理人となって、脳を動かし、課題を実行する。

ＥＱ・情念指数ということがいわれる。ダニエル・ゴールドマンというアメリカの心理学者がＩＱ・知能指数に対極する能力概念として提唱したものである。ＩＱだけを人間の能力として着目するのは間違いだ。情念も能力である。情念とは感情であり、精神力、肉体力等である。

人間能力はＩＱ・知能とＥＱ・感情の二つの合成力である。

知能指数は、基本的に学習訓練で変動しない、天性のものといわれている。だが、我が国の教育風土は知能指数一辺倒で、その拡張訓練に力を注いでいる。訓練しても変わらないものに伸びるという幻想をもたせているのである。

一方、情念指数は環境しだいで後天的に向上させることができる。パソコンでいえば、ソフトウエアである。パソコンはハードの性能は変わらなくてもソフトウエアを変え、性能を伸ばせば能力拡張は可能である。情緒、精神力、肉体力などを鍛えれば人は伸びる。

ところで、**職務遂行能力**と私たちが呼ぶ能力とは何か。ゴールドマンの公式でいえば理解力、判断力、暗記力等で代表されるＩＱと感性、精神力、忍耐力、センス等で代表されるソフトウエアとの合成ということになる。両者は並列の関係ではない。表裏一体の関係である。互いに不可欠に抱きあった十分条件という関係を保ち、外に向かっては職務遂行能力として発揮される。

ただし、職務遂行能力とは曖昧な概念である。組織でいう職務遂行能力は、仕事で現実に頼りになるかならないか、できるかできないかという印象的ともいえる総合力である。

それを明確な概念で言おうとすれば言語表現しかない。言語表現はあらゆる能力の表舞台を踏む万能の役者といえる。人の総合的能力は究極的に言語表現力の形をとって私たちに見えるということなのである。このことから言えば、論文評価や面接の評価項目の内訳に、言語表現力と理解力、判断力等を並列に並べているのは妥当ではない。両者は相対項目ではない。言語表現力だけは絶対評価項目なのである。

では**言語表現能力**を何で評価するのか。できるのか。**伝達量と投入時間の函数**で表現できる。

伝えるべきことを百言うのにどれだけの時間と言葉数がかかったか。だらだら長く話せば、あるいは書けば、誰でも一〇〇％意を伝えることができる。しかし、ビジネスでは短時間で一〇〇％意を伝える能力が求められる。考えている中身はすばらしい。しかし、言語にできない。人に伝えられない。こういう人はキーボードのないパソコンと同じである。私たちは外形で判断するしかない。いくらいいものをもっていても話ができないのでは話にならない。

言語表現力＝職務遂行能力。これからのビジネスの世界はこの図式で動いていくはずだ。

言葉についてさらに続ける。

コミュニケーションを含む言語表現行為は言葉によるデッサンである。言葉は画家にとっての線である。対象を見て何本も線を引いてフォルムや本質に近づいていく。だが、いくら線を引いても形や本質に迫れない人がいるのである。同様、いくら言葉数を投入しても、心の形を描けない。近似値に迫ることができればまだしも、核心から遠くはなれたところで焦点ボケのメッセージを発信し、かつ、コミュニケーションの受け手になって誤解を深めることしかできない人がいる。

彼らは行政サービスの質を落とし、コストを上げる。そのくせ普通に話ができるということで、その責任を追及されない。窓口で住民との間でトラブルを起こすことも多いが、その反省を踏まえて言葉力の研修をする話もまれにしか聞かない。

効率的な会話法、言葉の選択力アップなどは訓練と意識改革で必ずよくなる。隣接領域の接遇研修はよく行われるが、大半は礼儀作法とセットの丁寧な言葉づかいがメインテーマである。接遇研修では、形式やテクニック、マナーとしてしか言葉をとらえない。心と言葉は一体であり、イコールだという観点から意識改革を促すことはない。住民対応のトラブルがなくならないのは、形を整えただけの慇懃無礼の接遇に傾いているからである。

あらためて注意を喚起しておこう。**言葉は形を整えるが、形は言葉を整えない。心と一体の言葉が整えば形も整う。**

3　文章表現力アップの方法

考え方、訓練、努力で文章力は必ずアップする。以下、そのための方策を述べる。

(1) ボキャブラリーを増やす

ボキャブラリーは人格だと先に述べた。端的に言えばボキャブラリーは能力である。なぜなら組み替え、出し入れ自在のデータベースだからである。これの性能とサイズを拡張すれば、おのずから言葉力アップが可能だ。それには**活字体験と現実体験を増やす**のが一番である。

活字体験とは本を読み、文章を書くことである。読むことは著者の知識や識見を通して未知の世界を既知の世界に変える。

効果の大きい読書法がある。これはという著者を選んで全集、単行本、新書などを集中的に読破することである。頭の中をその著者の活字で埋め尽くす。すると全世界が著者の活字モードになり、刷り込み効果が発生し、効率よく記憶に刻みつけられる。普段五〇％忘れる頭が七〇％程度の記憶率になる。記憶が消えないうちに次の本の知識を重ねると、記憶の内容は確定的になる。

集中読書の最大の効果は、脳の中で本と本の内容が立体的に連結することだ。立体的とは、あちらの記述とこちらの記述が結びつく接着作用と増殖作用だ。くっついた知識や知恵は、掛け算原理で新たな知識や知恵を生み出す。

この作用は、人と人の出会いがもたらす情報増殖作用に似ている。人間が一人のときの接触数は０である。二人の人間が出会うときの接触数は１である。三人では３になる（接触数は多角形の対角線と辺の数の合計でカウントできる）。ところが四人になると接触数は６に増える。六人では15。十人では45。百人では４９５と幾何級数的に増えるのである。

現実体験を重ねる効果も読書体験と同じである。言ってみれば体験とは目、鼻、皮膚、舌、手足など肉体による読書効果をもつ。たとえば現場へ行く。施設見学をする。体験者の話を聞く。さらには先進地域へ視察に行く。大分や小布施、ドレスデンやプロバンスを旅する。

このような行動はボディで読書をすることである。ボディ読書の最大のメリットは、読むことを強制されることだ。現地に立てば見たくないものも見えてしまう。聞きたくなくても聞こえてしまう。嗅ぎたくなくても嗅いでしまう。そうやって肉体の目が強引に開かれる。

一度開かれた肉体の目はもう見えないと言わない。聞こえないと言わない。今まで抱かなかった疑問が芽を出し、聞こえなかった声が聞こえるようになる。見えなかったものが見え出す。可視、可聴の領域が広がる。

経験によって人は自分が呼吸する世界のサイズを大きくできる。ボキャブラリーを拡大させる。それはそのまま人の能力の拡大を意味する。思考、行動の壁が撤去されれば、言葉力は当然アップするのである。

⑵　人間的感度をみがく

言葉は心と直結している。心の感度を上げれば言葉の神経のひだが細やかになる。

行政とは、人間を理解することといわれたりするが、端的に言えば喜怒哀楽を織りまぜた住民の言葉のデリケートな陰影を理解することである。

これが、口で言うほど簡単ではない。人は、他者に対していつもガードをかけているからである。公務員も例外ではない。聞こうとしない、わかろうとしない態度を見せる人が多いのである。ひどい例では聞いて事情がわかると対応しなければならないから、聞かないという行政マンもいる。もはや公務員である資格はないけれども、これがれっきとした公務員世界の一部をなしているのである。

感度アップと言葉を理解することとの間には、鶏と卵の関係がある。感度が上がれば理解力が高まるのか、理解力が高まれば、感度がよくなるのか。双方向からの接近が必要であろう。わかろうとする態度によって人間感度が上がり、感度の向上によってわかろうという態度が強まる。

いずれにしても、人間感度を上げるには人への関心、好奇心を高めなければならない。そして、気持ちのよいコミュニケーションをしようという意欲に燃えなければならない。

そのためにはとにかく人を好きになることである。好きになるとは、人を見たら心の中であれ、現実にであれ何かの問いかけをする。声かけをするということである。

東京ディズニーランドでは、迷う気配のお客を見たら直ちに「歩み寄り、話しかける」ことを従業員のマナーにしているという。これがお客本位のサービスの原点になっている。

といって、ただ歩み寄り話しかけるだけでは意味がない。お客の話を数秒で理解し、満足のいく対応策をとっさに選択できなければならない。こういう**当意即妙のサービスは高感度な人間でなければつとまらない**。文章がうまい、話がうまいだけでは顧客満足は得られないのである。

人に歩み寄ろう、問いかけようという人への関心が習慣づけば、勢いそのためのボキャブラリーが増える。スムーズに接触するコツや間合いもわかってくる。結果としていつでもどこでも反応しますという感度のいい反射神経が身についてくる。

さて、高感度人間、感度のよい人で思い出す人がいる。作家の童門冬二氏だ。東京都庁の先輩であり、何度か話を伺っての印象は「めぐりが早い」。一を聞けば十を知るというか、質問の趣旨を冒頭の二、三語で察知してしまう。質問が終わるときには答えも終わっている。童門氏の文章はあの感度のよさから生まれている。氏の人間好き、人間へのあくなき関心がみがいた言語感覚であろう。

(3) 書く技術

ここからは文章力アップのための各論である。

【主語と述語と５Ｗ１Ｈ】

日本文は「雨」の一語、「雨が降っている」という単なる描写、ともに成立するが、ここでは基本的に**主語**と**述語**で成り立ち、何事かをなすこと、もしくは伝える文の基本形について述べる。

主語とは表現の中の行動主体である。「何」「誰」と設定される名詞のことである。述語とは、「―する」「―行かない」など行動や判断を示す動詞（助動詞を含む）のことである。

文は、主語と述語と目的語や形容詞を組み合わせた意味ある表現の最小単位をいう。言語活動の基本単位と考えればよい。たとえば「東京都知事選挙が行われた」が最小単位の文である。

文の集まりが文章である。文の集まりには長いものもあり、短いものもある。

文章の定義は「完結した内容を表す言語表現の最大単位」である。最大単位とは言い落としや言い過ぎのない、言うべきことをきっちり言い終わった過不足のない文の集まりのことである。たとえば単行本の序文は、序文という内容の言語表現の最大単位を示す。

また、一般的には文字によって書き表されたものを文章といい、音声によって表現されたものを談話という。両者を総称してテクストという。

文を書くうえで守らなければならないことは、主語に対して述語を必ず置くことである。これは誰でも知っていることであるが、ミスも出やすい箇所である。文を接続詞などでつないで長い文章にすると述語を忘れてしまう。主語が他のものに入れ替わっていたりもする。

「知事は都民の前で都職員に対し批判的な発言を繰り返してきたが、公の場で検討されるべきは、現在の行政システムをいかに改革し、職員の能力を十全に引き出すことこそが、知事や議会、政治の責任と考えるが、知事の所見を伺う」

これは東京都の議会対策会議で使われた資料の一部である。

「公の場で検討されるべきは、現在の行政システムをいかに改革し、職員の能力を十全に引き出すことこそが、知事や議会、政治の責任と考える」

主語の着地点のない文章である。知事の前で紹介される文章でもこういう「テニヲハ」のミスが出ることがある。主語と述語が対応しないミスは、企画の提案やしくみの説明、意見を述べる文書など複雑なことを言おうとするときに出やすい。意味が通る場合には誰もそのことに気がつかない。本番の会議で外部委員などに皮肉交じりに指摘され、冷や汗をかいたりする。

主語に対する述語は何かを考え続けながら書くことが大事である。明晰な文章を書きたいと思うなら、これだけに意識を集中せよといってもいいくらいである。つまり、文法に素直に従うということだ。

しかし、行政マンが文章を書くときには、もっと留意しなければならないことがある。それは、**文体をどうするか**ということである。

先述のように、文体には大きく分けて二つ、国家の威厳と支配権を示す**漢文脈**と国民、住民の生活感覚に基づくやまとことば以来の**口語文脈**がある。どちらも日本文であり、公用語である。

選択は担当者に任せられるが、自治体職員としては必ずしも国の文脈に倣《なら》う必要はない。あえて言えば倣ってはいけない。住民主体のやまとことば系の口語文脈を選ぶのが妥当である。そのためには普段からそのつもりで話したり、書いたりする。難しい官庁用語や難解語、なじみの薄いカタカナ語などは、できるだけ使わないようにする。**心の中をひらがなにすればそれはできる。**

次に主語と述語、テニヲハ等の文法以外の基本で大事なことは、いわゆる**５Ｗ１Ｈ**である。**いつ、誰が、どこで、何を、なぜ、どうやって**ということだ。これはマスコミ報道の鉄則とされているが、行政における通知、連絡、報告、相談、調整、記録文などにも欠かせない項目である。

公用の起案書にはこれらを書く欄があるが、手づくりの帳票や私的文書にはない。日常会話でもこれが明確にされないと「話が見えない」状態になる。

しばしば、わかっているはず、了解済みとそれを前提に主語を省いたりするが、注意が必要だ。誰に告げるためなのか、何のために話し、書いているのか、これを終始念頭におく。わかっているという先入観で話し手、書き手がそのことを明らかにしない場合、聞き手、読み手は進んで質問しなければならない。

つまり、コミュニケーションは、発信者と受信者双方の努力で完結するのである。聞き手、読み手にも話し手、書き手と同じく内容の整理をする責任がある。言わない方が悪いのではない、わかったつもりで聞かない方がもっと悪いということなのだ。

【文章作法、10のルール】

まず文章を書くにあたっての**10のルール**を列挙しよう。

①段落ごとに改行する。
②普通漢字で書かれる言葉は漢字で書く。
③センテンスは短くする。
④ハードボイルドに書く。
⑤接続詞の「が」はなるべく使わない。
⑥連用形で文章を延々と続けない。
⑦大きい概念から小さい概念へと言葉を並べる。
⑧カテゴリーや次元の異なる言葉を一文の中で並べない。
⑨書き出しは明るく興味深く、しかし半音落として入る。
⑩しめくくりは法則化（一般化）し、かつ、明日へつなげる余韻を残す。

以上について簡単に説明する。

①段落ごとに改行をすること

これは必ず実行しなければならない。一ページの中に一回の改行もない文章は読む側の負担が大きい。読み手への配慮なし、自分本位の独断専行型人間と見られる。

②普通漢字で書かれる言葉は必ず漢字で書くこと

たとえば「必要」を「ひつよう」と書いてあったりする。この場合意味がすぐにわからない。教養の程度が疑われる。「渋滞」を「じゅうたい」と書いたりする文章は最後まで読み進む気がしない。「地方こうきょうだんたい」というのもかつてあった。

③センテンスは短くすること

長くても一文四十字以内を心がける。長いのはなぜいけないか。言葉に引っ張られて論旨がずれがちになる、余分なことを書く、無意味なことを書き並べる原因になるからだ。主語と述語（語尾）の間が見える長さで一文をきる。それが四十字程度、原稿用紙では二行分くらいである。

④ハードボイルドに書くこと

ハードボイルドとは、固ゆで卵のこと。形容詞や副詞をできるだけ削り取った骨だけの文章である。論旨の明快な文章ができる。極端な言い方をすると、形容詞や副詞、修飾句、接続詞などを全部とったときに残る文だ。意が通じさえすればよいという簡潔な文章だ。

ビジネス文は文学作品ではない。無機質、ドライに書いて、意が通じればよいのである。

⑤接続詞の「が」はなるべく使わないこと

「が」は、文章の魔物である。これを使うと文章はいくらでも長く続けられる。しかし「が」で文章が曲がり、屈折し、話の脈絡が切れたり、それたりすることが多い。「が」を使いたくなったら、いったん読点（。）を打ってみるとよい。「しかし」でつないでみるのもよい。文章がスムーズに通ればそれでよい。「が」は全部とっても文章は成り立つ。

⑥連用形で延々と文章を続けないこと

「私はその話を聞き、…知らせ…戻り…信じ…調べ…され…おり…」というように連用形でつなぐと、面白いように長文が書ける。しかし、しまりがなくなり、横道にもそれやすい。そんなリスクを背負うより、途中で文章を切った方がよい。

⑦大きい概念から小さい概念へと言葉を並べること

言葉には固有の世界がある。「宇宙」のような大きな世界、「針先」のような極小の世界など様々な粒、質量をもつ。これらを無差別、無秩序、順不同に使ってはいけない。東京都港区海岸三丁目一番と郵便の住所、番地を書くように大概念から小概念へ、意味内容の大きい用語から小さな用語へ、イメージや印象の強いもの、重要度の高いものから低い、小さい物へと順に並べていかなくてはならない。

⑧カテゴリーや次元の異なる言葉を一文の中で並べないこと

たとえば「お茶と大福を食べる」「椎の木とテーブルを加工する」などだ。お茶は食べるものではない。椎の木は素材、一次原料であり、テーブルは製品である。これらを一緒にしてはいけない。

⑨書き出しは明るく興味深く、しかし半音落として入ること

否定的、後ろ向きの言葉で文章を始めると、その印象が最後まで拭えない。書き出しは、興味をそそる明るい素材を使う。文章が伸び、展開していくエネルギーをもった内容とする。半音落とすのは、高い調子で入ると、歌と同じで声が続かない。だんだん高潮点へとのぼる展開が望ましい。

⑩しめくくりはそれまでの内容を法則化（一般化）し、かつ、明日へつなげる余韻を残すこと

法則化（一般化）とは、特定の状況で言い得たことや特別の条件の下で特に有効であったことが、その特定の状況、特別の条件をはずしても一般的に妥当する、効果を発揮する。つまり一般論としてほかのことにも当てはまることを証明することである。

中央区のタバコのポイ捨て禁止運動が、他の自治体でのまちの美化運動一般にも役立つと主張するようなケースである。また、複写機のゼロックスである。商品名だが、普及によって他者の複写機のこともゼロックスと呼ぶようになった。これも一般化の一種である。

明日につなげるとは、いろいろ有効、可能な方策、政策、選択の道がある。方法は一つではない。こういう方法、この方向もあると印象づけることである。

【写生力をみがく】

考えたことをそのまま文章にする。見えるものをその通りに描写する。

そのためには考えたこと、見えるものの姿、輪郭が明確でなければならない。それは絵画でいえばデッサン画である。たとえば顔。輪郭や凹凸があり、陰影がある。表情があり、存在感がある。それを何本もの線を引いてとらえるのがデッサンである。

文章では、言葉でこれを行う。書くということは文字と意味でデッサンすることなのだ。

画家は何本も線を引いて実像に迫る。文章を書く人はボキャブラリーというパレットから、言葉という絵の具を取り出して描く。始めはなかなかうまくいかない。的確な線と色が選べないからだ。しかし、練習すれば必ず上達するのがデッサンである。色は天性のものだが、デッサンは努力の賜物である。

正しい写生をするには、時間をかけ、何本も線を引いて形を決めていくほかない。ああでもない、こうでもないと線を繰り返し引き、色彩と造形を模索する。それが考えを明確にすること、見えるものの姿を正しくとらえることにつながっていく。

具体的にどう訓練するか、である。**的確に話す、書く、という意識を持続することだ**。ここには二つの留意点がある。一つめは、話そう、書こうと決めたときに心に浮かんでいるものは何か、何が見えるか。それをはっきりさせる。二つめは、ボキャブラリーから的確な言語を取り出すことである。つまり、**明確化と選択**、この二つを心がければ文章による写生力は上達する。

先に「心と言葉は直結し、一致する」と述べた。正確には一致させるように務めることにより一致するということである。始めから一致させられるなら、文章修行などいらない。

このことはワープロの漢字変換と同じである。しばしば同音異字、同訓異義語が出たりする。それでも意味が通ることがあるが、真に表現したい意味ではない。目的の言葉が現れるまで変換操作を繰り返すのである。心と物を写生することについて、近代絵画の父といわれる印象派のセザンヌが、含蓄のある言葉を残している。

「デッサンがよくなれば、色彩がよくなる。色彩がよくなれば、デッサンもよくなる」

セザンヌは薄塗りを何十回と繰り返して絵を完成させた。一回塗るたびにデッサンの狂いやゆがみが修正される。塗り重ねるたびに絵の具の層が厚くなり、陶器のような艶をもった輝く発色になる。

セザンヌのデッサンと彩色の反復行為は、文章を書き、推敲する作業に似ている。言葉で何十回も心の形をデッサンすれば、言いたいことがより的確になってくる。小説家の間では文字が立ち上がるというが、意味はセザンヌの言葉と同じだ。文字が立つほど言葉で表現内容をみがかなければならない。

【シンプルに言葉を使う】

日記、メモ、記録をまめにすることが写生力、文章力の向上には効果的である。

大事なことは「的確に表現しよう」という意識である。正確、簡潔、達意に書こう、言おうと言葉選びに神経を集中する。このとき心がけるべきことは、**シンプルに言葉を使う**ことである。あるいは**シンプルな言葉を使う**ことである。複雑、雄大な言葉は御しがたく、文章の走り、意味の流れが悪くなる。川が巨大なダムで堰きとめられるような状態になる。しかもそのダムにエネルギーを吸い取られ文章が精彩を失う。

ともかくシンプルな言語表現がよい。この場合のシンプルには、二つの意味がある。一つは、同じことを言うならできるだけ短く少ない言葉でいう、という表現の問題。もう一つは選択する言葉の粒、意味の質量をできるだけ小粒に揃《そろ》えるということである。小粒な言葉は具体性をもっていて使いやすい。つまり具体的であるほど言葉の粒は小さい。

役所でよく使う文章でこのことを例示すれば、

○「であります」より「です」「である」

○「ものとする」より「する」

○「メモをとった場合」より「メモした場合」

○「緊張の伴う話題」より「緊張する話題」

このように言葉の使用を惜しむとき、かえって一語にこもる伝達エネルギーは増大する。言葉は数を増やすほど迫力が弱まる。

災害対策での指揮、命令、コミュニケーションの要諦は「シンプル」である。海で命懸けの漁をする漁村集落の人のコミュニケーションは短く簡潔だ。道を尋ねると「まっすぐ行って右」というように答えは明瞭だ。山村集落では「歩いてゆくと十字路があり、曲がるとひまわりの咲く家が見えてくる。そこを通り過ぎて…」という具合に冗長である。

簡潔こそ言葉のエネルギー凝縮の鉄則だ。ただし、言葉足らずは問題外である。

ついでながら、言葉を素早くシンプルに取り出せないと私たちの身体感覚の上に何かが起こる。とっさに言葉が出ない場合、その瞬間話そうとしたエネルギーが圧縮される。空気を圧縮すると高エネルギーの塊になるように、それは高熱、高圧状態になる。それが出口を求めて声帯、横隔膜、腕力や、足等の筋肉に出現する。いわゆる「切れる現象」が起こる。つっかえた言葉の代わりに筋肉が動くのだ。暴力行為や殺傷行為が発生するのはこの瞬間のこのケースである。

脳にインプットされた刺激は必ずアウトプットされる、と脳の専門家養老孟司氏は言っている。これは言葉の表現力の低下が、暴力事件の温床の一つになっているという示唆であるように思える。

【要約訓練】

文章力アップに効果の大きいのが**文章の要約**である。

行政では懇談会の報告書や委託調査研究報告書、あるいは長期計画書を二、三ページに要約した概要書を庁議にかけることが多い。要約、要点づくり能力が仕事上も必要なのである。

文章力を短時日にアップするには、自分で実際に書くことと並んでこの方法が最善である。

要約するには、ひとまとめの文章の全容の理解のほかに価値判断力が必要である。絶対落とせないもの、あった方がいいもの、なくてもいいものを選別する鑑識眼だ。言葉を削り、要点を把握し言い換える表現力も求められる。

要約はそれらの能力をみがくやすりである。そして、そのやすりの効果は努力に比例する。身近な素材で訓練してみよう。新聞の社説やコラムの記事を縮約する。

悪のりんご

夕張市の財政破綻が話題になっている。決算に表れない一時借入金を使った会計操作で十年以上赤字を隠してきたというが、表沙汰になる日がいずれ来ることは、市長はむろん議会、監査委員などのチェック機関も予期していたはずだ。

「たとえ世界の終末が明日であろうとも、私は今日りんごの木を植える」という人口に膾炙した言葉があるが、一時借入金による会計マジックはまさにこの「りんご」である。

はじめは希望の善なるりんごである。しかし、途中から悪なる毒りんごに変わったのである。しかし、一蓮托生の共同体意識の下で関係者がそれを認識したとしても、なあにまだ大丈夫と解決を日延ばしにする。現実に破産の日が来るまでは言わざる、見ざるを決め、むしろ希望の灯はまだ消えていないと励ましあって、さらにりんごを植え続けるのだ。

耐震強度偽造、談合、年金納付率の偽装、違法な株操作、一流保険会社の不当な支払いストップ等最近世間を騒がせた事件は皆同じ構図だ。やがて熟れたのが毒りんごとわかって茫然自失、結末を住民や消費者に押し付ける。この反復がやりきれない。行政や企業の透明化を社会のモラルにすえるべきだ。

これは東京新聞のコラム「けいざい潮流」（平成十八年七月二十四日付夕刊）からの引用である。約六百字の文章だ。百字程度に縮約しよう。

キーワードは、「一時借入金」「会計操作」「破産の日がくる」「解決の先延ばし」「希望のりんご」「毒りんご」「結末の住民への押し付け」「行政の透明化」である。

まずこれらを頭に置いて要約する。

「世界の終末が来てもりんごの木を植えるという諺がある。夕張市の一時借入金操作は表向きこの希望のりんごだった。だが、実ったのは財政破綻という毒りんご。市長以下関係者はそういう結果を承知しながら情報公開せず、破産の日まで隠していた。行政の透明化が必要だ」

これをさらに短く縮約する。この場合、原文にとらわれず筆者の言いたいことを一文にする。

A案「夕張市が組織内では毒りんごと知りながら外に向かっては希望のりんごと見せかけて一時借入金操作を続けた結果破産した。行政の透明化、情報公開が必要だ」

B案「一時借入金がいずれ毒りんごになることがわかっていたのに市当局は事実を隠し続けた。行政が不透明すぎた」

C案「夕張市は破産すると知りながら情報公開することなく一時借入金の操作を続け〝予定通り〟破産した。」

こういう縮約を繰り返すと、原文の核心がつかめてくる。のみならず、言葉を削るとともに文章にスピード感が出、意味が先鋭化してくるのがわかる。

もう一編、練習をしよう。同じく東京新聞のコラム「けいざい潮流」からの引用である。（平成十九年六月十五日付夕刊）

諸悪の根源

宙に浮いた年金記録5千万件はどう考えてもおかしい。昨年社会保険庁から社会人の娘あてに、学生時代に免除された掛け金4年間分を納めるように勧める文書が来た。相談に行くと「払う必要はない」。自分の組織が出した文書を否定する神経はまさしく異常だ。

こういう窓口実態をトップは知らないのではないか。電話等で問い合わせが多数あったはずだが、問題になったという話は聞かない。おそらく職員が握りつぶせる状況にあったのである。実はここに社会保険庁の最大の組織的問題がある。その根本原因はキャリアシステムである。

キャリアはノンキャリア職員とは仕事以外で口をきかない。両者の間には身分差による断絶がある。窓口や計数処理などの末端事務にキャリアは関心を示さない。制度構築等の上部構造の事務だけが仕事と観念している。労働組合が正規職員にデータ入力事務はさせない、といった裏協定をノンキャリの管理監督者と結んでも関係ない、という認識だ。明治以来のエリート制度は腐り、浮き上がっている。だからこそ5千万件という壮大なミスが今日まで見過ごされてきた。国家行政の諸悪の根源はキャリアシステムにある。

まず、キーワードを拾う。

「宙に浮いた年金記録五千万件」「大学四年間分の掛け金、払う必要はない」「窓口実態をトップは知らない」「根本原因はキャリアとノンキャリアの、身分差による断絶」「裏協定に無関心」「諸悪の根源はキャリアシステム」

この筆者が言いたいことは、腐ったキャリアシステムの害である。これらを念頭に縮約する。

「免除された掛け金の納入について相談に行くと、払う必要はないと窓口職員が組織の意思と反対のことをいう。トップはこの実態を知らない。キャリアと言われるエリートは組合と管理職が不合理な裏協定を結んでいても無関心だ。五千万件のミスが見過ごされた原因だ。腐ったキャリア制度は諸悪の根源である」

これをさらに一行に要約する。

「五千万件のミスが見逃されたのは組織の中で浮きあがったキャリアシステムが根本原因である」

このように文章の要約訓練を続けると、核心の把握、妥当性の判断、文章構成、最適表現法などがわかってくる。言葉と言葉の響き、意味の限定、主語と述語、形容詞、副詞などの働きとつながりもよく見えてくる。一言でいえば、言葉の生理がわかるようになるのである。それは、言葉の達人への第一歩である。

【定義をする訓練】

毎日口にしている。目にもしている。だからよくわかっているつもりでいる。ところが、説明しようとするとはっきりわかっていなかった、という言葉がある。

「地方自治とは何か」「市民とは何か」「大衆とは何か」「行政評価とは何か」これらは人によってイメージが異なる。講義をしたり、また論文等を書いたりする時にいつもその意味の曖昧さ、多義性に悩まされる言葉だ。自分にあった一般に通じる定義をもたないと振り回されてしまう。

筆者がつくった定義は次の通り。

○地方自治　地域のことは地域の人が自らの判断と責任で決めること。
○市　　民　グローバルに考え、地域で行動し、義務と責任をすすんで果たす人々。
○大　　衆　その時々の利益への期待で良心を預けるか、捨てて付和雷同する人々。
○行政評価　行政の政策、施策、事務事業活動の目標と成果を経済性、効率、満足度の観点から数値化指標を使って評価し、行政運営の改善、透明化、説明責任の徹底につなげていくもの。

定義することは、普段厳密な意味も問わずに使っている言葉に必要な輪郭を与えることである。そこで参考までに定義を定義してみよう。「物や概念の構成内容を限定すること」「あるものの内包する世界を確定すること」となる。

たとえば、最も卑近な例で定義について考えてみよう。係長とは何か。

「部下を指揮監督して業務を遂行する責任者」「職場のリーダー、業務のまとめ役」「命令、情報の伝達者」

これらは、一般論としての定義である。どの本にも書かれている。組織規程はこういう一般論を前提に編成される。だが、「自分はどういう係長か」の視点でより自分自身に即して定義すると、人間臭い個性的な係長像が描き出される。

「職場の先頭に立って住民に奉仕するリーダー」「絶えず向上を目指し、変化していく創造的な存在」「自らをコントロールし、かつ他者をコントロールする人」「何でも部下の相談に乗る人」「行政課題の解決に向けてほかのメンバーと協働するベテラン」「常に住民の顔が立つように解釈し、行動する模範的公務員」「一度口にしたことは決して曲げない信念をもった上司」「部下の発想、提案を生かすことをモットーにする指導者」

実はこれらの定義はある自治体の係長研修の現場で研修生たちに書いてもらったものである。係長としての自分の肖像ないしはフットワークの目標を示した生の声が見える。現時点の組織、ポジションにおいて、自分はこうやっている、こうありたい、この先もこう行こうという宣言でもある。

宣言は約束である。志を見せている。守らなければならない。その意味では定義することは到達目標、行動規範を示すことでもある。その意味で、定義することは、文章力アップのテクニックを超えて役割認識、人間形成作用をもたらす。

定義することには次の三つの効果がある。

①物、概念の意味の確定

これは、文字通り概念、コンセプトを明瞭にすることである。たとえば一ｍは百㎝。住民とは「地域内に住所を持つ自然人、法人」。プライバシーは「私生活をみだりに公開されない権利」などだ。

辞書で意味が定まっている言葉は定義をする必要はないけれども、「五以下切捨て」「五点以内」は五が入るのか入らないのか。「以」には「用いる、もつ」という意味があるから入るのであるが、一般通念が曖昧化していたり、混乱していたり、通常と異なる用法をしたりする場合ははっきりさせなければならない。

「以上」「未満」「四月一日以前の生まれ」「年度内」「年内」「夕方六時まで」「夕方六時過ぎ」「六時開場、六時開演」「市民」「国民」なども人によって理解が違う。

住民に権利を付与し、義務を課すような新しい制度や事業を発足させるときは、特に定義づけや資格、条件を厳密に行わなければならない。たとえば「外国人に参政権を認める」という場合、対象となる外国人の範囲、参政権の内容などを確定するとともに、それに伴う権利と義務の内容もはっきりさせなければならない。また専門語や造語、新来のカタカナ語を使う場合にも、意味の純化と定義が必要である。

数年前、国立国語研究所が外来語の言い換えを検討した。グローバルを「地球規模」、マクロを「巨視的」、サマリーを「要約」、ノーマライゼーションを「等生化」、インセンティブを「意欲刺激」、ユビキタスを「時空自在」というような言い換え素案が公表された。「等生化」や「時空自在」は造語感覚が面白いけれども、定義をしないとまったくわからない。政治、哲学といった言葉をつくった明治時代の欧米語の翻訳作業に似ている。

それはともかく、国内の日常語でも地域や時代により異なる使われ方をする言葉がある。九州で「われ」「わし」というときは「あなた」「おまえ」の意味である。関東とは逆で初めて聞く人は驚く。また、古文に出てくる悪人は強い人のことであり、親鸞の歎異抄に出てくる悪人は、ものごとが意のままにいかない気の毒な弱い人のことである。憎い人というから本当に憎いのかと思ったら愛する人の別の表現というケースもある。

曖昧模糊《あいまいもこ》、ファジーな言葉が求められる場合もある。日本人の人間関係や付き合い方が穏やかなのは曖昧文化ともいうべきグレーゾーンがあるからといわれる。

「すみません」「どうも」などは多くの場合、意味不明である。役所では「現在のところ――という情報は聞いておりません」「このたびの職員の非行は善良な心から発したとはいえ――遺憾に存じます」なども責任がどこにあるのかわかりにくい表現である。

しかし、それで世間がうまくおさまることもある。そもそも敬語がそういう曖昧化とご機嫌伺いの語法だが、公務員の言葉は基本的に裏表なく簡潔明瞭でなければならない。住民に有利になる曖昧な言葉はあっても住民に不利になる曖昧語はあってはならない。

②他との差異の明瞭化

これは、定義によって意味がはっきりすることの反作用として類語との差異が浮かび上がってくる効果である。たとえば白紙に豆腐をおいて描いたとする。豆腐と紙は殆ど同じ白さで区別がつきにくい。このとき豆腐に輪郭線と陰影をしっかり描くとバックの白紙がどういう広がりをもっているかわかるのである。

定義することは言葉に輪郭を与え、陰影をつけ、まわりとの差異を際立たせることにほかならない。意味を明瞭にすれば類似の言葉や概念との違いもわかる。

このことは論理的な文章を書く前提条件ともいえる。論理的文章とは因果関係が明快で、主張に矛盾や後戻りのない、煉瓦が積み上がっていくような文章のことである。

日本語は従来、曖昧さの多い非論理的な言語体系といわれてきたが、近年誤解であることがわかってきた。定義をし、因果関係をはっきりさせる語法が定着してきたからである。これまでは欧米のように、たとえ敵に回しても相手を理屈で言いくるめてしまおうとする習慣がなかっただけのことである。その証拠に法令文や裁判の判決文を長々しいと感じても、非論理的という人はいない。

③問題の明確化

これは定義をすることの効果のうち、プラスにもマイナスにもなる、言ってみれば諸刃の剣というべき二面性をはらんだ作用である。

言葉は定義されることにより、それ自体の意味が確定し、外界との境界線を得る。このことは差異の明瞭化ということですでに述べた。注目しなければならないのは輪郭線が与えられたとたん、定義された言葉が、心臓が動きだすように生気を帯びることである。今までぼんやりしてよくつかめなかった問題が形をとって顕在化し、主張を始めるのだ。

たとえばセクシャル・ハラスメントである。地位や権力を利用した性的嫌がらせは昔からあった。問題視されなかったのは男社会だったからである。多くの心ある男性は女性の迷惑に同情し、気の毒に思っていた。もやもやしていたところへ言葉がつくられ、名づけられ、定義された。すると性的嫌がらせの犯罪性が見え出したのである。セクシャル・ハラスメントは名づけられることにより避けて通れない社会的問題であることが明瞭にされた。この新しい言葉は拡大レンズになり、問題をクローズアップした。たとえ有名人、権力者であろうともそれを行えば指弾を逃れることができなくなった。こうしてセクシャル・ハラスメントは社会的規範となった。性的嫌がらせの何が悪いかわからないと言っていた男性たちも、振り向くほかなくなった。

社会現象は、名づけられることにより名づけられたものそのものになって私たちのルールになるのである。と同時に、その現象が行政施策の対象の仲間入りを果たすことにもなる。

環境ホルモン、地球環境、少子化、家庭内暴力、フリーター、格差社会などの新たな社会現象。これらも名づけられ、言葉を与えられ、定義されることにより人々に共有される社会問題となった。

定義の必要なことは他にも多い。たとえば弱者や貧しさに苦しむ人々、暴力にあえぐ人々などである。

この人々は名づけられ、定義されたときに社会の救済の対象になる。逆に言えば定義されないと行政の谷間の存在でい続けることになる。

このように定義する、されることには積極的な効果が伴うのである。ところが、見過ごしにできないマイナス効果が二つ考えられる。

第一は定義されることにより、それ以外のものであることができなくなってしまうことである。歌手の森進一が川内康範作詞の「お袋さん」を「お袋といえばぼくの歌ということですから」と言っていたが、そういうレッテルを貼り、限定をすることで森進一も他の歌手も縛りをかけられ、歌で活動できる幅を狭めるのである。

ものごとには額縁をはめすぎると駄目、はずしすぎても駄目という両面が常にある。小林秀雄は「花の名前を知らない間はいい花と思っていたが、知ったとたん何だかつまらない花に思えてきた」と随筆に書いている。名前を知ったとたんイメージを限定され、想像の楽しみを奪われたというのである。

さてこの延長で重要なことを言う。定義することの第二のマイナス、それは**意味の限定、定義の行き過ぎの害**である。教条主義的な定義の運用から偏見、差別が生まれる、ということである。

「人物Ａは陰気である」「あの人は嘘つきだ」は一種の定義である。周りの人々がこの人物評を信じこみ、それ以外への変更を認めない状況が続くと人物評が固定され、しみとなり、いわれなき差別の原因となる。人種差別や同和問題、いじめや村八分などはそのようにして生まれるのである。その意味で定義にとらわれ過ぎることには警戒が必要である。

公務員は言葉で行政対象を定義することが多い。人を一定資格で分ける仕事もする。定義や意味の限定を先入観で歪めない配慮と注意が必要である。

【メモで言葉漬けになる】

文章力をアップしたいなら、まず脳を言葉漬けにすることから始めなければならない。そのためにする努力のうちの一つがメモである。

①メモのとり方　そのⅠ

まず手帖とは別に紙とペンを用意する。紙は大学ノート、クロッキー帳、カード、Ａ４白紙、名刺用紙など何でもよい。ポケット、カバンに入れておく。ペンは３色、４色ボールペンが最適である。サインペンはポケットの中でキャップがとれシャツや背広をインクで台無しにすることがある。３色、４色ボールペンはそういう心配がなく、指一本ですべての操作ができる優れものである。

これだけそろえば、あとはメモをとるだけである。

何をメモするかであるが、限定しない。スケジュールや仕事に関すること、買い物などいわゆる事務的メモはそれ専用の手帳にした方がよい。

文章力アップを目的とするメモは、考えたこと、気づいたこと、見たこと、聞いたこと、読んだこと、思い出したことなどが対象である。

たとえば次のようなことをメモする。

○学生に「面接とはなんですか」と聞かれた。「自分の売込みである」と答えた。

○韓国ドラマ「チャングム」に「味を描く能力」というセリフが出てきた。何と何を組み合わせればどういう味が出る、と想像する能力である。これはパレットの上で絵の具をまぜる作業に似てる。つまり、料理と絵には共通項がある。

○電車の中、「江戸時代のことを何で覚えなくちゃいけないんだ。未来のことをもっと知りたいよ」と高校生が話していた。過去のない未来はありうるのか。未来のない過去がないように。

○ゴルフのハニカミ王子、野球のハンカチ王子、将棋の羽生。なぜ強いか。皆自然体であり、動じない精神をもっている。悪く言えばおしなべて図太い。

○二〇〇七年六月、ドイツのハイリゲンダムで行われたG8。五十年後の二酸化炭素排出量を現在の半分にするという数値目標設定にアメリカは反対。欧州、日本などとの合意は無理と思われたが、最後に「五十年後の半減に向けて真剣に努力する」という文言で合意。具体の数字がだめなら抽象化して合意する。各論反対、総論賛成と同じ構図。このテクニックは交渉に限らず常に視野においておくべきものである。具体で駄目なら抽象で、抽象で駄目なら具体で、と作戦のレベルをスパイラルに変えていく。最後にはより高い目標に到達する。文章や話し方でも具象から入った場合は最後に抽象化

（一般化）して終わる。抽象から入ったら具体で説明して終わる。世の中は具象と抽象の交互の縞柄模様で進んでいく。

○公園でサラリーマンがずらっと並んで弁当を食べている。人間もエネルギーを注入しなければ動かない点、車と同じだ。入れて、動く。エネルギー不滅の法則を思う。こういう日常から逸脱できないことが人間存在、生きることの苦しさというものである。

○三十年前都心から山の中に越した大学。春が美しい。だが、ここの学生はおっとりかまえてやがてバカにもなる。しかし、そのことを愛す。

○永六輔の本。三橋美智也は歌手になろうと上京する汽車の中で駅弁を食べている人を見て「今に見ていろ、俺だって駅弁が食えるようになってやる」と思ったという。そういう時代もあった。

○「この頃年寄りは永遠に生きると思っている人ばかりだ。八十五歳のおじいちゃんが雨具店を続けられる場所に代替地をくれ、といってきた」と建設事務所の友人がいう。彼はお年寄りに悠々自適をすすめたいらしい。「生涯現役なんて真っ平だ」とも彼は言った。大いに共感するが、悠々自適がイコール生涯現役という世の中の現実も無視しがたい。

メモはたとえて言えば、ナスの花のようなものだ。千に一つの無駄もない。必ず何かで役に立つ。多ければ多いほどよい。書けば記憶に残り、ボキャブラリーが増える。文章を書くとき、考えるときに生きてくる。またあとで見返すと未知情報、発見、知見、洞察への感動があってそれに励まされる。過去の自分が現在の自分を励ます。それのないメモは捨てる。ただし、オールラウンドにメモするのは無目的すぎる。的を絞り、テーマ、カテゴリーを決めると問題意識が鮮明になる。

メモの内容を分類するといくつかのパターンがある。大きく分ければ四つだ。

①人から聞いた話、本や新聞、テレビなどからきらりと光る言葉を拾ってノートしたもの
②思いついたこと、連想したことなどを書き出したもの
③交渉、会議、打ち合わせ、相談などを行ったときの内容や発見、知見を整理したもの
④仕事の手順やスケジュール、パソコンの使い方、住所、電話番号などを記録したもの

このうち特に文章力アップに寄与するメモは第①②③のパターンだ。

まず、①のパターンのメモ法と活用の心得である。きらりと光る言葉に着目する。きらりの言葉はキーワードだったり、真実をついた短文だったり、見事な分析、洞察をした説明文だったりする。未知の知識や見解もこのカテゴリーに入る。

これらの言葉の収集は、その気にならないとできない。「メモをとるぞ」の意識が必要である。とにかく億劫がらずにまめにメモし、新聞なら切る。**必ずその場でやる**。あとでと思ったとたん情報は逃げていく。本など「次のときに」と思った瞬間姿をくらます。新聞などは明日まとめて切り取ろうとためらった隙に逃走する。ひらめいたことの記憶などはすぐにメモしないともう戻らない。ひらめきは時間と同じで

ひたすら去るだけの性質をもっている。魚のように回遊しない。そもそも記憶力ほどあてにならないものはない。一時間も過ぎると何を記憶したか忘れてしまう。読みながら書き、書きながら聞く。**同時進行が後悔のないメモ法である。**テレビやラジオなどノートを広げ、ペンをもって見聞きするとよい。

メモを活用しやすくするコツとしては、**「毎日整理する」「時々読み返す」「使いみちはないかと考える」**の三つが挙げられる。

毎日整理するのは、体系立てないとメモがどこにあるのかわからなくなるからである。時々読み返すのは、情報の生命力を確かめるためだ。生きている情報と死んだ情報がある。精彩を失ったと感じるメモは捨てる。何でもストックすると、溜まりに溜まって利用困難になる。シンプルにメモして、欲張らずにストックする。

②メモのとり方　そのⅡ

次に第二のパターンのメモ法と活用の心得である。まず**ひらめいたイメージや考えや発想のメモ**である。基本は本や人から聞いたことのメモと同じ。気がついたその場ですぐメモする。ふと思ったことは、風の中の羽のように舞い過ぎる。一度見失うともう一度見つけることは難しい。頭を叩いてもよみがえらない。パソコンと人間の頭の違いだ。忘れるから人間、忘れられないからパソコンなのだ。

ところが、手がかりがあれば蘇る。太平洋に落とした銅貨のような不確かな言葉も、具体的な痕跡があれば見つけ出せる。一語でもメモしてあれば、頭は利口に働く。全部を思い出してくれる。すべてを再現してくれるのである。

メモは一語でいいといったけれども、最善のメモはわいたイメージや言葉のすべてを書き出すことだ。というのは頭が沸騰したときは、連続していい表現やアイディアが浮かぶからだ。普段考えてもみない発想や言い回し、戦略などが湧いてくる。一種の脳髄の嵐だ。極限状況における頭の回転だ。そういうときのメモは、言葉の噴出が止まるまで書く。メモは米粒。集まると一俵にも百俵にもなる。

このことは、人を前にした状況と似ている。言葉がよく出るのである。人は人の精神を盛り上げてくれるのである。このことは締切が近づいた原稿を書くときの精神の高揚に似ている。言葉が出なくて弱っていたものが、締切が近づくと言語発信力が勢いづいて言葉の噴出を始める。

言葉が噴出する状況は指先が考えるという感じになる。ペンで書いてもパソコンのキーボードを叩いても指先が考えるのである。実はこの状態は誰にもある。そして、それがその人の本当の能力、実力なのである。知性と感性が沸騰して出す火事場の馬鹿力である。

ここで得られる情報等はそれまでインプットした分の脳のアウトプットにほかならないことに、注目すべきである。過去に蓄積したデータ、見事な表現、考え方、自分が思ったことなどが加工されて脳から湧き出す状況である。インプットされたエネルギーは必ず心身からアウトプットされていくといわれる。エネルギー保存の法則が人間にもあてはまるのである。人間はパソコン以上に物理の原理で動く情報処理システムなのである。

こうして得られたメモは、使い道が多い。というのは、一度頭の中で整理され、深化し、熟成しているから、必要の都度取り出せるのである。企画書、政策提言書、報告書、論文などに活用できる。

③メモのとり方　そのⅢ

次は第三のパターンのメモの内容と活用の心得である。

交渉や会議はする前、した後に必ず議題やメンバー、討議内容や結果をメモしなければならない。事前には何が一致しそうか、何が不一致に終わりそうか予測する。見当をつけることから合意への道は出発する。事後の記録は意見、見解の違いを明白にメモすることが重要である。また、当初の予測と流れが違った場合は理由をメモする。合意と対立を踏まえれば次の戦略、説得のシナリオや論理構成が浮かんでくる。

この種のメモは自分だけがもつものではない。相手にも届ける。内容が違うといわれることがあるが、それがメモを渡す狙いである。こちらはこう理解した、それでいいですか。異議があるならどうぞ申し立ててくださいと促しているわけである。相手方が勝手な解釈で行動するのを事前に牽制する意味もある。

この種のメモは詳細にする。**詳細なほどリアリティがある。**言外の相手の本音や自分の今後とるべき戦術が見えてくることもある。メモはおのずからそれを必要とするものに真実を語りかける。

Ｈ公園に百年に一度あるかどうかという時間当たり百㎜の豪雨が降り、公園の水があふれた。近くの民家の庭に流れ込み、犬小屋と床下に浸水した。実被害はなかったが、住民は今後に備えるために公園の中で洪水防止工事をするよう求めてきた。下水への流入量を拡大する工事を実施することにした。ところがこの案が承知してもらえない。公園の表土を掘り下げて雨水滞留機能の拡大を図るべきだ、という主張である。地球の温暖化で最近は一時間当たり百㎜を超す豪雨が時たまあるとしても、公園の地盤を掘り下げる大規模工事をするほどの価値があるのか。実害のない単なる浸水に対して住民要求は大きすぎる。

交渉は難航した。あるとき、交渉経過のメモを読み直して「浸水が犬小屋でよかった。被害というほどのことはない」という担当者の発言記録を見つけた。交渉相手の夫婦は犬にちゃんちゃんこを着せてかわいがっていた。子供がいないせいか、犬は家族と同じ存在だった。たかが犬、犬くらいではない。犬を犬扱いしたこちらの態度に怒りをもっている。「過大要求」で悔しい思いを晴らしている感じである。

訪問すると、夫婦二人と犬で散歩に出かけるところだった。「三人でお出かけですか」と声をかけた。「三人」といったところが戦略である。夫婦はとても嬉しそうな顔をした。

犬を振り返り、奥さんが「この子は夜も私たちと一緒の布団で寝ておりますのよ」と言った。「犬小屋ではないのですか?」「とんでもございません。お食事だって魚の骨をとってあげているくらいですもの」「それは大変失礼いたしました。実は…」ときりだし、浸水が犬小屋でよかったという担当職員の発言について率直に詫びたのである。「やっとわかってもらえましたか」と夫婦は笑顔を見せた。それで一件落着となった。

なお、メモはするだけではその意義が半減する。常に活用を考えるべきである。それがプロフェッショナルの態度である。文章力アップという目に見えない対価以上の具体的な実りを求めなくてはならない。

その対価とはやはりまとまった文章を書くことだ。業務上の文章のほかにライフワークになるテーマを決めてコツコツと書き溜める。五年、十年書き溜めると、それ自体が無視できない存在になる。

文章もメモもそうだが、一定量を超えると声を出してくる。日の目を見たいと、メモや文章が文句を言う。その勢いを借りれば一冊の本が簡単にでき上がる。

これからの地方自治は、住民や公共空間の複数のガバナンスに対してメッセージを届ける機会が多くなる。メッセージを出さない地方政府、自治体運営は民間主体に押されてしまう。

【「ひとり実況中継」のすすめ】

文章力アップのためにもう一つ有効なのが「ひとり実況中継」である。

声を出して読む。**朗読は繰り返しやれば文章力アップの効果が大きい**。朗読には適切な発音、抑揚、息継ぎが必要である。リズム、語呂、字面が名文ほど体のサイズにあう。朗読を繰り返すことで文の呼吸がわかってくる。わかればいずれそういう文章が書けるのである。「わかることはできること」なのだ。

また朗読したくなる文章にはリズム、明確な意味、色彩、スピード、訴える力がある。作者の言語センスが耳と口から自然に読み手の体内に侵入する。言葉の肉体化が起こるのである。そういう要素のない文章は朗読してもつまらない。

ちなみに朗読には、副産物の効果がある。声に艶が現れ、透明感が出てくる。きれいな声や発音は聞く者に快感を与え、好感をもたれる。明朗な発音、美声はそれ自体美しい善である。

副産物はもう一つある。健康維持の一環になる。発声はストレス発散につながり、心身のリラックスをもたらす。よい声は健康な状態で出、寝不足などすると声帯がかすれる。筆者は毎日朝か夕べかに十五分程度の朗読の時間をもっている。

さて、本題の「ひとり実況中継」である。これは写生力、描写力、伝達力の訓練になる。路上を歩きながらでもよいし、公園のベンチ、駅や病院の待合室、デパートの中、飲み屋のカウンター、カラオケスナックなどの椅子に腰掛けてでもよい。じっと見つめて、眼に入る光景を誰かに向かって実況放送する。声に出す、出さないはそのときの状況でどちらでもかまわない。

これは一種の**インプット・アウトプットトレーニング**である。インプットは目と耳と鼻と皮膚と舌、そして心、そこから入ったものを口から音声の形で出す。この場合のコンダクターはもちろん脳である。脳はいわば言葉の楽団の指揮者である。

具体的な聴衆を想定するとどんなトーンでいけばいいか、話法のスタイルがはっきりする。ラジオ放送のマイクの前、コロセウムや野球場のような擂鉢状の劇場の底、ホールの壇上などを実況中継地点として空想する。また田舎から出てきた両親に歩きながら街の光景を説明するというシチュエーションの設定も悪くない。

実況中継は目の前の状況、刻々変化する光景の描写で行うが、文章力アップにつなげるためには主語と述語、名詞と動詞、形容詞、副詞、接続詞、過去形、現在形、進行形などを正しく表現する必要がある。活字にすればそのまま文章になるような正確な文章語を心がける。

こうしてひとり実況中継をすると、リアリティのある表現力のために、自分の中の何がよく働き、何が欠けているかわかってくる。

第一に**目のよさ**が問われる。情報の八割は目から入るといわれるが、その質は目のレンズの透明感、再現能力次第である。曇った目にはガスのかかった光景しか見えない。歪んだ目にはモノが何重にも映る。

第二に、**五官の感度**が問われる。センスといってもよい。微妙なシグナルをどれだけ感受できるかである。現代詩人田村隆一の詩に「針一本落ちてもひびく夕暮れがある」というフレーズがあるが、そういうかすかな響きをとらえて言葉にすることが、文章力の訓練につながる。

第三に**耳、鼻、皮膚、舌、心のアンテナ能力と情報の立体化能力**が問われる。富士山の頂上は一つである。だが、登山ルートは複数ある。実況中継の情報の集まり方は、富士登山に似ている。言語表現という頂上に向かって、五官という多様なルートから情報がのぼるのである。これを頂上で立体化し、統括して発信する。それが実況中継である。

以上述べた三点の能力は、文章の名人といわれる人は必ず備えている。

小説の神様といわれた志賀直哉の文章は特に目のよさで知られている。筆者は高校時代の夏休みに志賀直哉の大長編小説「暗夜行路」を全編書き写した。秋に学校へ行って作文を書いたとき、文章が透明な季節の中を軽くすっと走るのを覚えた。写生力、物を見る目がよくなった。言葉と現実がクリアに一致するのだ。これが心眼というものかと思った。現実の光景は言葉に映じ、言葉は現実に投影することを知った。言葉と現実が等価関係になる不思議を感じた。言葉は現実と一致したときに説得力をもち、強いメッセージを発信するという実感は、志賀直哉の小説を写本した日以来揺らぐことがない。

ともあれ、実況中継訓練で大事なことはいい加減にやらないことだ。順序正しく目を移動させる。近くのものから遠くのもの、その逆、左から右側へ、右側から左側へというように秩序正しいカメラワークで行う。今まで見逃していた風景の中の小さな売店や花売りスタンドにも気づくはずである。

ちなみに目は、映像を絵画のように面でとらえるが、言葉の伝達力は線状である。口と耳は線状にしかコミュニケーションできない。眼で面をとらえ、口で線にする。これが実況中継の構図である。

風景、光景には主役と脇役がある。いろいろなものが目についても主役に奉仕しないものは省く。主役を輝かせるものだけをピックアップして実況中継する。

この訓練で一番効果があるのは物の見方だろう。眼にはすべてが映る。しかし、映る全部が有益ということはない。不要なものがある。潔くカットする。捨象、これをとっさに、しかも連続的にやる中で、選別力、鑑定力が養われる。言ってみれば、文章とは物の見方だ。形や色彩、集合や離散、男と女、買い物袋、カバン、服装、車、カーブなどを見つめることも立体感覚や色彩感覚、レイアウトセンスの訓練になる。何が好きで何が嫌いか、何が見たくて何が見たくないものか、そんな自分の好みまでわかってくる。

実況中継は、自分発見という副産物をもたらす。

ひとり実況中継訓練の文章力アップの効果は抜群、ちょっぴり恥ずかしさという対価を払うけれども無料である。街の観察にもなり、悪いことが一つもない。「女性の方が積極的です。ついに二人はキスしました」というような実況中継を筆者は時々やっている。ただ気をつけなければならないのは、怪しい人と誤解されない用心だ。

【文章の構成法】

もつれた会話でよく聞かれるセリフが「それを先に言ってくれればよかったのに」である。

わかりやすい話をする人は、話の順がよい。しかも、聞き手に必要な情報を与えつつ前へ進む。

話の順序は、外国のことを知らない人にパリはどこにあるかを教えるのとほぼ同じ手順である。まず、世界地図帳を開く。自分たちのいる日本の位置を確かめる。次に、ヨーロッパ大陸のページを開く。欧州各国の位置を知る。そしてフランスの位置を確かめる。次にフランスの地図を開く。それからパリを探す。

話や文章の構成とは、伝えたいことを、伝えたい相手に、相手のわかる言葉で最も効率的に迫る手順である。いろいろな構成法がいわれているが、人文科学分野で歴史的に生き残ってきたパターンが最も優れている。

理科系の文章は数学、物理、化学など情緒を排した合理的に説明できる法則の追求が目的である。真理の発見、学問の発達とともに論文作成法も変わっていく。数式や記号だけでも成り立つ論文もある。だが、人文系の叙述は昔も今も人間そのものが対象であり、しかも非合理、不定形の心の中を描写するのである。コミュニケーションの基本構図が文字の出現以来二千年たっても変わっていない。それは、人間自体が変わっていないからである。表現の方法を変えようにも人間が変わらなければ変えようがないのである。そのため表現技術も構成法も理科系のように変化する余地が少ない。いくつかの方法が繰り返し使われ、その中で生命力のあるものが生き残ってきたといえるのである。

その一つが**起承転結**である。これは中国の唐時代に特に盛んだった絶句という詩の作法である。第一句、二句、四句は韻を踏ませ、三句は転調、転句させる。

論文構成法の起承転結は、これを応用したものである。シンプルな手法であるにもかかわらず短文、長文そのほかどういう文章にも使える用途の広さと手軽さが好まれ、随筆、小説、手紙やあいさつ文などの一般の表現法にも活用されているのである。もちろん公用文にもこの構成法は使える。また、使った方が文書づくりはうまくいく。シンプルな手法であるためにいくらでも変形、応用の利く点が二千年生き延びてきた理由であろう。

ここではこの起承転結法と長年の公務員生活の中で筆者がデカルトの方法論や川喜多二郎のＫＪ法やいわゆる問題解決技法の学習を通してパターン化した三段構成法について述べる。

①起承転結

起はテーマの提起である。**承**はそれを受けてより詳しく説明し、何が言いたいか、問題意識のありどころを明確にする。**転**は視点を変えて話を別の方へもっていく。ただし、それは次の「結」で述べることをより強調するための伏線である。具体的には本題とアナロジー（構造的類似）のある話題を選ぶ。**結**は結論を述べる部分だが、転で述べた別件の話と重ねて述べることにより相乗効果を狙う。二つの話が重なると掛け算効果で主張が鮮やかに印象づけられるのである。たとえば、

起／三条木屋町糸屋の娘　**承**／姉は十八妹は十五　**転**／諸国大名は刃で殺す　**結**／糸屋の娘は目で殺す

「転」の「諸国大名は刃で殺す」と、「結」の「糸屋の娘は目で殺す」は「殺す」というアナロジーがある。大名が刃で殺すほど美人姉妹の目は凄い。それほど美人だということが強調されているのである。

かつて、評論家の大宅壮一は文章を「まくら、さわり、落ち」の順で書くと言っていた。落語の話法であるが、落ちを二つに分ければ起承転結と同じ四段構成である。

新聞のコラム欄の文章は殆ど起承転結の構成をもつ。朝日新聞の天声人語は六段構成の起承転結法が基準だといわれている。次は、平成十九年六月七日の朝刊の「天声人語」である。

転　鏡に映った已が姿を見ると、人は自分の存在をより強く意識するという。電車に飛び込む自殺を防ごうと、ホームに鏡を設置した駅がある。鏡に映る姿を見ることで、思いとどまる効果を

狙ったそうだ。地球を鏡に映すことはできない。長く実像を知らなかった人類は、六十八年に一枚の写真を手にする。月を回るアポロが写した地球は、漆黒の宇宙に、青く、はかなげに浮かんでいた。写真は人々の〝愛球心〟をかき立てる。七十年代にかけてアースデー（地球の日）制定など環境運動の波が世界に広がっていった。

起　地球を「美しい星」と呼ぶ温暖化防止の構想を携えて、安倍首相がサミットに臨んだ。二〇五〇年までに、世界の温室効果ガス排出を半分に減らす考えだ。話し合いを日本が先導する意気込みだという。これまで冷淡だった米国も、サミットを前に新提案を発表した。「経済を損なう」と意固地だったブッシュ大統領は、「米国が主導する」と豹変した。削減を急ぐ欧州連合（EU）にハンドルを握られると厄介だ。そんな思惑が、チラチラのぞく。

承　鯨にのまれたのに気づかず安穏と泳ぐ小魚のたとえがある。温暖化は、地球がまるごと鯨にのまれたようなものだろう。待ったなしの危機である。ようやく気づいたけれど、各国の事情で足並みは揃いにくい。

結　アポロの写した地球を「宇宙に漂う奇跡」と呼んだ人がいた。その奇跡の星に間借りして、私たちも、他の生き物も暮らしている。排出ガス削減という家賃の、これ以上の滞納は許されまい。

各段落の前の「起承転結」と文末の「。」は筆者がつけた。この文章は六百字という短い中に、宇宙規模の問題を詰め込んでいるために、言葉と言葉、行と行の間が俳句の切れ字のように巨大空間になっている。空間がひびきあうことで意味が最後まで通る工夫がしてある。

文章構成にも大変な工作がしてある。本来は筆者がカッコ書きした順に読ませるのが素直な文章と思えるが、いきなり「転」から始めてそれが文章全体に響き、主張を勢いづかせているのである。

平凡、かつ素直な順に並べ替えると、次のようになる。

起　地球を「美しい星」と呼ぶ温暖化防止の構想を携えて、安倍首相がサミットに臨んだ。二〇五〇年までに、世界の温室効果ガス排出を半分に減らす考えだ。話し合いを日本が先導する意気込みだという。これまで冷淡だった米国も、サミットを前に新提案を発表した。「経済を損なう」と意固地だったブッシュ大統領は、「米国が主導する」と豹変した。削減を急ぐ欧州連合（ＥＵ）にハンドルを握られると厄介だ。そんな思惑が、チラチラのぞく。

承　鯨にのまれたのに気づかず安穏と泳ぐ小魚のたとえがある。温暖化は、地球がまるごと鯨にのまれたようなものだろう。待ったなしの危機である。ようやく気づいたけれど、各国の事情で足並みは揃いにくい。

転　鏡に映った已が姿を見ると、人は自分の存在をより強く意識するという。電車に飛び込む自殺を防ごうと、ホームに鏡を設置した駅がある。鏡に映る姿を見ることで、思いとどまる効果を狙ったそうだ。地球を鏡に映すことはできない。長く実像を知らなかった人類は、六十八年に一枚の写真を手にする。月を回るアポロが写した地球は、漆黒の宇宙に、青く、はかなげに浮かんでいた。写真は人々の〝愛球心〟をかき立てる。七十年代にかけてアースデー（地球の日）制定など環境運動の波が世界に広がっていった。

結

アポロの写した地球を「宇宙に漂う奇跡」と呼んだ人がいた。その奇跡の星に間借りして、私たちも、他の生き物も暮らしている。排出ガス削減という家賃の、これ以上の滞納は許されまい。

起承転結構成だから、その順で書かなければならないとこだわるのは固定観念というべきである。文章は言葉一つ一つが全体に響くようにできている。何を強く主張したいかで構成を入れ替え、メリハリを付けるのがプロのテクニックである。

ところで、「この起承転結構成は短文向きではないか。長文にはどうか」と疑問をもつかもしれない。大丈夫である。短文をつないだものが長文である。起承転結を繰り返せばよいのである。ただし、そのためには内容をブロック化し、一つ一つを起承転結構造にしなければならない。

哲学者のデカルトは「複雑膨大なものは細分化、分割してアプローチせよ」と言っている。分割の原理といわれるが、小さく分けて、それぞれのブロックを起承転結構造で書けばよい。レンガで積みあげる巨大建築と同じ手法である。

文章ではないが、子供の詩なども起承転結で書かれることが多い。

次の詩は読売新聞朝刊の「こどもの詩」に掲載された詩だ。選者は現代詩人の川崎洋氏。

ききめ

浅見桃花（小四）

お父さんが私をおこしにきた
ふとんをはいで行ってしまった
私はふとんをかぶってまたねた
今度はお母さんが来た
いきなり　十・九・八・七・六と言った
私はあと四でおきた
お母さんの方がききめがある

（二〇〇二年十一月十二日　読売新聞掲載）

ほほえましい情景である。一、二行目が始まりの「起」、三、四行目が起を受けてさらに話を進める「承」である。五、六行目が視点を変えて話を広げる「転」にあたる。七行目がしめの「結」だ。

ちなみに、この子供の詩はわれわれにヒントを与える。発想の違いで説得力が異なるということだ。お父さんは有無を言わさず、独裁的、暴力主義的に布団をはいだ。子供は抵抗心を刺激され、無視する。一方お母さんは数を数えて子供の自発性を促し、自尊心をくすぐり、乗りやすいシチュエーションをつくった。

準備の時間を与え／ゲーム感覚を呼び覚まし／モチベーションを高め／プライドを傷つけず／承認、尊厳欲求、自己実現欲求を満たした

カウントダウンによって弾みのついた子供はばね仕掛けの人形のようにはね起きた、という図だ。こどもの心の中にも、起承転結構造が生じて起きたのである。

もう一篇、紹介したい。

星

高橋由季（小五）

うちゅうは　いつも
星という名前の
子どもをだいている
いっぱい　いっぱい　だいている
地球という星は
私たちを抱いている
みんな　うちゅうの子どもなんだ

（二〇〇三年四月六日　読売新聞掲載）

この詩も起承転結の構成だ。三行目までが「起」、四行目が「承」、五、六行目が「転」、七行目が「結」

だ。起承転結構成によってまとまりがよく、読む側の胸にすっと入ってくる。構成の定型化、パターン化は文章を理解しやすくする。書くにも読むにも楽だ。

思えば、言葉自体がパターン化されたものといえる。言葉の本質は定型だ。電気信号や光信号などもパターン化により遠い地点間の通話を成立させている。パターンは正確、高速、効率的コミュニケーションの成立条件である。

ところで、紹介した子供の詩で文章論上注目してもらいたいことがある。**アナロジー（類比）**が使われている点だ。アナロジーとは、似かより、同一性、共通性のあることである。独立した複数の事物の間に機能的類似があるとか、形は違っても中身は同じだというようなことをいう。用法は、類似点に基づきほかのことを推し測る。それを手掛かりに分析したり、発想したりする。

明治維新、太平洋戦争の敗戦、そして今日。我が国の歴史は三回にわたって国際化が進んだ。この三回には共通してアメリカの外圧が関係しているというアナロジーがある、というふうに使う。ラグビーボールを見て自動車のタイヤが発明されたことも、アナロジー連想の効用だ。

上の詩では「うちゅうは星という子どもをだき」という表現を根拠に「地球は私たちという子どもを抱く」というイメージがつながり出てくる。ここに構造的な類比がある。

ちなみに、構造を表現する言葉、たとえばパラドックスや矛盾、対立、比例、同心円、悪循環、二律背反、ディレンマ、トレードオフ、ゼロ・サムといったキーワードを軸に文章を書く方法もある。これらの言葉の示す構造でデータや素材を分析し、文章を書き進める。明快な構成をそなえた文章が書けよう。

起承転結の話に戻る。文章はもとより挨拶なども起承転結を心がけると、うまくいく。先にも述べたが、長文も起承転結の繰り返しで書ける。定型にはめ込み、パターン化した文章は新鮮味が乏しいと気にする人もいるが、それ以上のメリットがある。

○失敗が少ない
○短時間にまとめられる
○わかりやすい文章になる
○レベルの高い内容になる
○読む側が理解しやすい

起承転結の効果は使いよう、内容次第である。歴史的に蓄積され、試され、使われてきた手法には生き延びてきただけの生命力がある。言ってみれば試験で下駄を履く、ゴルフでハンディをもらうような有利さがある。それを踏まえるのは一種の文化教養のたしなみとも言える。

ついでながら、俳句や短歌の人気が衰えないのは、ヴァイオリンのように完璧に完成された定型のせいだ。八の字を描けば誰でも富士山らしい絵が描けるように「五・七・五」、「五・七・五・七・七」の枠に言葉をはめれば、一応それらしいものができ上がる。もちろん型にはめただけで俳句、短歌が極められるものではない。奥は深い。あくまで入り口、入門レベルでの話である。

様式、形式は文化遺産である。結婚式、葬式、そのほかの儀式、式次をゼロから考え出すのは大変困難である。独自性を出しすぎると世間を無視しているといわれる。歴史の知恵を利用し、これに工夫を加えれば満足と無難を手にすることができる。人生にも起承転結がある。公園などの景色の設計にも起承転結がある。仕事でも、私生活でもあらゆる面で「型」は生きている。

②問題解決型三段構成

三段構成には、**「序文、本論、結論」「まくら、さわり、落ち」**などいくつかの類型がある。

これから述べる三段構成は、昇任試験や採用試験小論文用に筆者が特にすすめる構成法である。

まず、構成は、次の三段とする。

○事実

○問題点

○解決策

「事実」とは客観的事実もしくは現況である。

「問題点」とは、事実、現況から見るとおかしい、具合が悪いと思われることだ。そういうことが起こる原因も問題点になる。

「解決策」とはどうすればそういう問題点がなくなるか、具体的にこうするという対策である。

たとえば「社会保険庁の国民年金の記録ミスの再発防止について思うことを書きなさい」という論文課

題があったとする。次のように整理する。

○事　実→誰の払った掛け金かわからない転記ミスが五千万件明るみに出た。
このデータ入力をしたのはアルバイトである。監督をすべき職員はアルバイトに任せきりで、十分照合しなかった。

管理者と労働組合との間に労働強化をしない旨の裏協定があった。これが見逃されていた。

○問題点→エラーチェックを怠った職員の無責任体質が第一の問題点。
正規職員は入力事務をしないという労働組合と管理監督者の不当な裏協定を黙認するなど労働組合主導の事務運営の組織風土が第二の問題点。

トップ層の末端事務への無関心と監督不行き届きが第三の問題点。

問題が顕在化するのが数十年後というタイムラグのある年金事務の本質的しくみが背景にある。

○解決策→まず悉皆《しっかい》チェックをし、ミスの実態を明らかにし、審査機関を設けて年金受給資格を正しく復元する。
どうしても不明な分については第三者機関がヒアリングして判断する。

責任者は処分する。

再発チェックのしくみを創設する。具体的には定期的に「現時点であなたの将来の年金給付額は年額○○万円です」という通知を出して被保険者自らも常時チェックできる体制を確立する。

サンプル抜き取りによる事務監査を定例化する。

以上のような整理を行う。これをもとに論文を記述する。要するに**事実を述べ、そこから問題点を抽出し、問題点の解消のための方策を提案するという順**で記述する。

これは、裁判の手順と同じである。まず、容疑者が何をしたか、犯罪事実を証拠で証明する。次に何が法に違反するか、関係法令の条文に照らして明らかにする。最後に、形成された心証に従い、法令の規定に基づいて量刑を定める。

こういう思考のプロセスは判例文や昇任試験論文、レポート、行政改革会議や諮問会議の資料、長への説明や議会答弁などにも応用できる。

この**問題解決型三段構成**を覚えやすいように平たい言葉で言い換えてみよう。

○見た

○頭にきた

○どうしてやる

このそれぞれが事実、問題点、解決策に対応する。

「見た」は、「**これこれの客観的事実を見た**」という意味である。

○川で背中の曲がった魚を見た。

○黒く濁った川の水面から異臭が出ていた。

○ほうれん草から五ｐｐｍのダイオキシンが検出された。
○自殺者が年間三万人を超えた。
○洪水の水位は八ｍ、堤防の高さは七ｍだった。
○財政赤字が前年比一〇％増えた。
○水源林にトラック五台分の産業廃棄物が投棄されていた。

これらは科学的かつ客観的な事実で、誰が見ても認識の一致する現象、データである。つまり、人による理解の誤差が出ない。たとえば五cmの棒を誰もが長さ五cmと認める。そういう客観的事実関係がここでいう「見た」である。

論文では、見えた状態、認識した事実の正しい記述、つまり写生力が大事である。書き手と読み手が同じ情報、データをもち、共通認識の橋をかけわたさなければならない。このことをここでは「見た」という一言で表現している。

次に「頭にきた」である。これは**見た事実から、問題点として何が言えるかを述べるステージ**である。川で背中の曲がった魚を見て、環境ホルモンのせいではないか。有害化学汚染物質が川水を汚染しているに違いないと疑う。調べてみたら百ＰＰＭを超えるホルムアルデヒドやＰＣＢが検出された。そのデータと川沿いの工場からの排出の事実が故意に公表されていなかった、ということがわかった。

これは問題だ、健康に害はないのか、見逃しにできない、というように怒り、疑問をもつ。なぜだ、どうなっているんだ、承知しているのか、と問題意識を先鋭にする。これらの怒りや疑問の一切がここでいう「頭にきた」である。

具体的に何が問題になるのかを問うところである。上記の例では川沿いの工場等から有害化学汚染物質が川に垂れ流しされていることが問題点である。百ＰＰＭを超えるホルムアルデヒドやＰＣＢの検出は単にそういう事実があったということであるから問題点ではない。規制していないことが問題点である。環境基準を超えていればそれ自体が問われなければならないが、その背景にある垂れ流しとその事実を隠していたことがより本質的な問題点である。

事実と問題点の振り分けが案外と難しい。両者が一緒にならないように表現を工夫しなければならない。事実と問題点をはっきり分けないと、解決策、対策の記述で混乱する。事実が問題点そのものであることもあり、十分注意が必要である。

問題解決技法では情報を収集し、次に問題形成をするという。論文技法の事実から問題点を抽出するプロセスは、まさに情報収集と問題形成のステージである。

「見た」事実、問題点の引き出し、その理由、原因の指摘。ここがうまく書ければ読み手は**解決策**へと興味を持続する。

デカルトの方法論では**明証性の原則**（疑問の余地のないデータを使う）、**分析の原則**（資料、材料を小さく分けて単純なものから複雑なものへと次第に認識を進めていく）にしたがって、問題を明確にするステージに当たる。

論文の出来は殆どこの**問題点の把握の仕方**で決まる。問題がわかれば課題の八割が解決されたも同然という言葉があるくらい重要なポイントである。それは**問題点と解決策がセット**だからだ。問題点がなければ解決策もない。焦点ボケの問題の形成に対しては焦点ボケの対策しか浮かばないのである。

今度は医師の診断と治療を例にとって説明しよう。

○三十九度の発熱あるいは咳、発疹という客観的事実、症状が確認されたとする。これは「見た」のステージ、事実の収集に当たるところだ。

○そういう症状が出る原因は何か、どういう問題点が発生しているのか。それを判定するのが問題点の発見、形成の「頭に来た」である。

○「見た」の事実で知ったデータや経験情報を使って病名の見当をつけ、実証する。そして、はっきりと病名を確定する。

判定（問題点の確定）は、医者の能力が最も問われるステージである。名医か藪医者かはここで決まる。医者にとっても患者にとっても病気の見立てが決め手だ。風邪ですと言われたが、実際は肺がんだったという話がしばしばある。病名が正しく確定できれば治療、投薬の選択は比較的容易である。

それが「どうしてやる」である。「こうしてやる」でもよい。理学療法やリハビリ、投薬といった**具体的な解決策を決め、実行の段取り、メニューをつくる**ステージである。投薬のタイミングや回数そのほかデリケートな指導を含め、処方が確定すればあとは治療の効果、回復の経過を見る。投薬効果などをフィードバックして薬を変えたりする。そして治癒の見通しが立てば、この患者への対応は終わりになる。

エッセイ、感想文、高校や大学の入試論文では、解決策がそれほど問われない。抽象的な将来展望、どうするかの方向性を示すだけでも一応評価してもらえる。しかし、公務員の採用、昇任論文あるいは行政のレポート等では、自分はこうする、そのためにはスケジュール、予算、人手はこう手当てすると具体的な提言、アイディア、実施メニューを披露しなければならない。論文試験の目的が**判断力、創造力、実現力**等にあるからだ。

学生の夢は愛嬌と寛大に見られるが、公務員やビジネスマンの夢は実現性に裏づけられなければお笑いである。特に解決策は抽象的、観念的記述ではいけない。話が大き過ぎてもいけない。できもしないことをいうのは許されない。**現実的、実践的であること、役に立つこと、リアルであること、自分の考えであることが求められる**のである。

これは行政組織が近年、民間企業と同じ収支、コストに徹した経営と人材活用を求められていることと無縁ではない。

以上述べた三段構成

○「見た」（事実）

○「頭にきた」（問題点）

○「どうしてやる」（解決策）

の最大のメリットは、失敗がないという一言につきよう。

同じ三段構成でも「序論、本論、結論」はマスターしにくい面がある。なぜなら、この方法は各段の容器を示すだけで具体的に何を入れて記述するかについては明示していないからである。

多くの人が知りたいのは、「何を」「どういう順で」「どこへ」書くかだ。「事実」「問題点」「解決策」、すなわち「見た」「頭にきた」「どうしてやる」の構成法は、各段の名称が書くべき内容と順と場所とを示している。このことを理解すれば、文章づくりは悩むほどむずかしくない。

パーティーで不意に指名されて挨拶する場合でもあわてることはない。「見た、頭にきた、どうしてやる」の順で話せばしのげるのである。

(4) 書けない理由は胸の中にある

最後にこれまでの記述とはまったく別の角度から、文章力の向上について述べる。

起案してもスムーズに決裁がおりない。しばしばトップの秘書から呼び出されたり、文書課長から疑問をぶつけられたりする。自分は文章が苦手だ。うまく書けない。文章の得意な人がうらやましい、という声をよく聞く。それならうらやましがっていないで努力したらよさそうなものだが、努力しないのは、心の中では「自分は書ける、決裁がおりないのは文章が悪いのではなく別の理由があるからだ」と勝手に解釈しているからである。

こういう人も、実際に文章が書けるのである。地域の自治会やコミュニティ活動の機関紙などに立派な記事を書いている。

役所の仕事でうまく書けないのは、文章テクニック、テニヲハや表現力の問題ではないのである。原因は職員の胸の中にある。無意識に次のような暗示と制約を自分で自分にかけているのである。

①先に結論を決めて文章を書こうとする。先入観や固定観念があって、結論を動かすつもりがまったくない。そのため文章表現をそこへもっていこうとする。いろいろ辻褄を合わせなければならないから、大変難しい作業になる。一言でいえば、先入観、固定観念を背景に結論を動かすまいとする心が文章力にブレーキをかける。

②お詫びの手紙や訂正文書などで自分のミスにしたくない、役所のミスにしたくない気持ちが先に立つ。何とかして誰も悪くないようにまとめたい。誰かのプライドを傷つけることや役所の名誉に疑いを入れるようなこともしたくない。こういう万事平穏と自己愛を願う気持ちで文書をつくる場合、黒を白と言いくるめるのと同じ苦吟が伴う。実に難しい文書づくりなのである。矛盾だらけ、ほころびだらけの文書ができ上がって、結局役所を守ろうとする意識とは逆にトップを傷つけることになる。

③文書をつくりながら、内容に納得していない、言い分がある、弁解したい気持ちがたぎってくる場合である。こういう結果になったのは自分の責任というよりよんどころないいろいろな事情が重なった。自

分は少しも悪くない。また、自分の担当する本来事務でもない。なのになんで自分ひとりが責任を取り、後始末をしなければならないんだ、と頭の中で言葉がぐるぐる回るとき、問題点をはぐらかした文章ができ上がる。

④上司に知られたくない、周りに本当のこと、本音を知られたくない、減点されたくないと担当者が思う場合、五割引の文章ができる。一番よいのは隠してしまうことと思っているのであるから、言葉が滑らかに出るはずもない。上司にとっては危険きわまりない。真実を隠されての判断になるから、この結論はおかしいとトップから大目玉が飛んでくる恐れがある。

⑤理論的に押し詰めていくとどうしても仕事が増える方向に話が進む。賠償問題が出たり、協議先が増えたり、調査領域が拡大したり、話が大きくなる。それを避けるために法の解釈や話の前提を変え、定義や資格の変更もこっそりやってしまう。こういう作業の中で文書を仕上げるとき、当然論旨も構成も捻じ曲がるのである。そういう文書は必ず事情を知る関係者から事実をゆがめていると批判される。

⑥こんなやつ、こんな住民の言い分を聞きたくない、認めたくないという個人的な感情、偏見、えこひいきがある場合である。後ろ向きにすべてを判断するから、権利や機会の平等もない。駄目、不可能の理由ばかりを並べる。仕事を進める姿勢の文章ができるはずもないのである。なぜ、駄目なのかおかしい、といわれてもおかしいからおかしい、というだけできちんと説明ができないし、しない。頑固に結論だけ通そうとする。

以上、うまく書けない隠れた理由の六つのパターンを示した。こういうメンタリティでは、文章の論理的一貫性が保てるはずもない、内容に妥当性が見えないのは当たり前というべきであろう。

しかし、書いた本人はあれだけ苦労したんだし、完璧に自分の思いを通し、役所の利益を守った意識でいるものである。始末に終えない感じがするが、それが実態である。繰り返すが、役所で十年もまじめに事務をとっていれば文章は書ける。問題なのは上に述べたように文章を正しく書く知恵ではなく、正しく書かない知恵が発達するからである。前向きの知恵ではなく後ろ向きの知恵がつきすぎる。これは、はきちがえた組織への忠誠心、はた迷惑な上司への思いやりというべきである。

こういう実態を組織は正さなければならない。管理監督者がテニヲハのテクニックで文章指導するだけでは駄目なのである。形式的、うわべの指導ではなく、メンタリティにメスを入れた強い啓発行動が必要である。文章力の向上には文章の添削をするより心の姿勢を添削しなければならない。

学習のポイント

○目線と言葉の高さのあり方が行政と住民の関係を決める。
○公務員は言葉で仕事をする人であると同時に言葉を正直に使う人である。
○言葉と心は対応している、というより言葉は心そのものである。
○言葉には色彩やスピードや効率がある。

○職務遂行力とは言葉力のことである。人の能力は言語表現力に集約される。
○ボキャブラリーを増やさなければ人は成長しない。
○シンプルな言葉づかいをすることが文章力アップのコツである。
○文章の構成法は起承転結、問題解決型三段構成が最善である。
○うまく書けない最大の理由は、正直に書こうとしない胸の中にある。
○将来自治体は地方政府になるということであれば、はっきり自分の言語をもち住民と共有しなければならない。

第2部　実践編

第3章

話術の極意

月

日（　）

1　話術をみがく方法

「挨拶などは三分ですませろ」「上司への説明資料は一枚に収めろ」とよく言われる。しかし、三分、一枚がよしとされるのは説明が儀式として行われる場合である。本当に相手にわかってほしい、理解してもらわなければ困る会議や住民説明会そのほかの席での説明は、そんなに簡潔にはいかない。熱意と時間をかける必要がある。そのためには最低限十分ないし十五分の時間をもらわなければならないのである。

三分は、話の項目を並べるだけで、何とか無難に過ぎてしまう時間だ。持ち時間が十分以上になると、そうはいかない。わかってもらいたい本気の気持ちが試される。内容が乏しい場合は尻切れになる。逆に言えば、どんな話も最初の十分間がうまくいけば、その後はきっと順調にいくということである。

以下、話術力アップのノウハウを述べる。

(1)　話す目的と内容をはっきりさせる

目的なければ結果なし、届ける内容がなければ持ち帰るものもない。これが体験で得た筆者の実感である。目的をはっきりさせることは当然であるが、ここで言うのは会議のテーマや事業説明等の議題、趣旨といった総括目的のことではない。**話し手がここだけはわかってもらおうと自分で決めるしぼりこんだ到**

達点のことである。

どういう話の席でもそうだが、言うこと全部を理解してもらえるのは幻想である。およそ半分も、意が伝わるかどうかである。その場で相手が共感し、わかった態度をしてくれても半分程度は時がたてば共感どころか異論に変わる公算が大なのだ。

理論的に承知しても、感覚が納得しない。それが人なのである。であるから、ターゲットを絞る。一〇〇％必ずわかってもらわなくてはならないこと、それがここでいう話の目標である。

人は論理的である以上に感覚的動物だ。もつボキャブラリーの色が違い、心の感度、信念、人生観に差異がある。それらは一人の人間の中で論理的に集約されるのではなく、感覚的に集約され記憶にたまる。それを私たちは感覚的に取り出し、理性で装飾し、アウトプットにあたってまた感覚を使う。

思考に感覚が混じるということは、数学、物理のように論理的にぴたりと意見が重なることがないということである。心臓が一人ひとり異なり、生理に差異があるように、他人との間に常に違和感を抱えているのが感性である。そこから個性やオリジナリティが生まれる。数字で表せば五〇％、半分くらいしか人と人の間は一致しない。

しかし、特定のものにしぼれば一〇〇％の一致が可能になる。一〇〇％の一致ということは科学の領域である。論理が優先する世界であり、行政の仕事も究極においてはそこを目ざすべきものである。それが話をする際に目的をしぼる、テーマをしぼるという意味だ。

(2) 調べて、まとめる

話は声と一緒に出てくる。心の内圧が高ければ、話は自然にほとばしり出てくる。言葉を捜して無理やりしぼり出すときは成功しない。

物理の熱力学に「エネルギーは高いところから低い方にのみ移動する」という法則がある。話もエネルギーの一種である。高い方から低い方へのみ向かう。であるから、話のエネルギーを高い位置に引き上げなければならない。そのためには、**調べる**。話題、議題、テーマについて**人より多く知識や情報を仕入れる**。

環境、災害、福祉、教育何でもいい。担当した事務について調べぬく。どの程度までかというと、そのことが透明に感じられるまで、疑問が一切なくなるまでである。手に入るだけの参考図書や資料をめくり、次から次に湧く疑問点や不明な箇所を明らかにしていく。ついには頭の中がクリスタルガラスのように透明、空で例えれば雲が消えて晴天状態になるのである。

それを実現してくれる最高の場所は図書館だ。小さな図書館でも疑問が解けるだけの蔵書がある。ない場合、今はどこの図書館でもよそから借りてくれる制度がある。相談コーナーもある。目的の本探しも、パソコンの検索機能で簡単にできる。しかし、すすめるのは**本棚を見て歩くこと**である。一見テーマに関係のなさそうな本に、知りたい記事がぎっしり載っていることがしばしばある。

たとえば地球環境汚染問題について調べていたときに「ベルリンからの手紙」というタイトルの本を見かけた。関係なさそうといったんは手放したけれども、旧ソ連とベルリンは近いのである。臨界事故、いわゆるメルトダウン事故を起こしたチェルノブイリ原子力発電所とドイツは地続きで危険が及ぶ範囲であることを思い出し、事故や放射能汚染に触れた記事があるかもしれないと本を抜いてめくると、案の定その記事で全体が埋まっていた。古代ガラスの生産について調べていたときにも「都市の歴史」の中に思わぬ関係記事を見つけたし、舞踊の歴史の本にラピスラズリの記事を発見したりした。

本というのは、周辺の記事でテーマが支えられている。主題、モチーフの周辺にタイトルでは想像のつかない記事が載っている。富士山の頂上は一つだが、登るルートはいくつもあり、それぞれに風景が違う。それがここでいう本は周辺の記事で支えられているという意味である。そして、すべての道はローマに通じるということなのである。このことを知れば、調べることはぐんと楽しくなり、能率も上がる。

古本を大量に買い込むこともすすめたい資料探検の方法である。百円均一のラックの山に宝が埋まっている。本は時間に耐える価値がなければ裁断工場に回されてしまう。生命力のある本が残る。古本屋に並ぶということは選ばれたということであり、本にとっても著者にとっても名誉なことなのである。

調べまわったあとは**まとめ**である。これには絶対手を抜かない。必要な箇所をノートする。そのとき、あとで出典がわかるように資料の名前とページを書いておく。コピーしてもいいが、できればその場で書き取り、内容をこなしながら自分の考えを一緒に書き込んでしまう。自分独自の見解には、イニシャルを付けて本からの引用でないことがわかるようにする。メモはノートでなく、カードでもよい。カードは内容を自由に組み替え、並べ替えられるメリットがあるが、一覧性がない、メモ量に限界があるなどの欠点もある。

いずれにしても、道具に凝るより十分なインプットを行うことである。手持ち情報に厚みがなければ満足レベルのアウトプットはない。そのため、本や資料から名言や的確な表現、決め手となるセリフや見解などを書き写す。自分ではうまく言えなかったことが、本には簡潔に表現されていたりする。さすが専門家と感動することがある。胸のつっかえがおりる気がする。これも資料あさりの醍醐味である。

かつて財政学の教科書は「出ずるを図って入るを制する」と教えたが、最近は逆に「入るを図って出ずるを制する」というようになった。話すことに関して同じように言えば「入るを図ればおのずから出ずる」である。量が大事である。情報は一定量を超えると、声を出す。こう言うんだとメッセージを発する。耳を澄ませば誰にも聞こえる声なき声である。世論のように多数により一定方向に集約された真実味のある声である。

(3) 話す順を決める

調べてまとめたことや独自に考えた見解を話す順に並べるのが、次の作業である。このプロセスはきわめて重要で、話の成否にかかわる。とにかくノートを繰り返し読む。読みながらあらたに頭に浮かんだことを丁寧に書き留める。それがオリジナルな見解、意見になる。暗記するほど頭に刻み入れて、ノートから離れる。そして、それまでの情報収集活動で得た記憶の中から自分の一番言いたいこと、どうしても訴えたいこと、正しい数字や知識を取り出し、箇条書き文にするのである。要するに、**記憶に残った事柄だけで話を組み立てる**。これが、講演や説明、プレゼンテーション等ではレジュメになっていく。

この話の手順、シナリオの組み立ては、文章術でいう**構成**である。「起承転結」「まくら、さわり、落ち」「事実、問題点、解決策」が実践的な文章構成法であるが、話術では「起承転結」ないしは「まくら、さわり、落ち」を軽く踏まえる程度でいいだろう。構成にとらわれすぎると、言葉が走らない。

箇条書きした文は、骨子である。これに筋肉と血管と脂肪をつける。箇条書き文は、本と同様周辺情報で肉付けしないと説得力が出ない。

次に箇条書き文一行ずつの説得力、注目され度をはからなければならない。多くの人を魅了するメッセージがあるかどうか。耳を貸してもらえる刺激が感じられるかどうか。面白みがあり、かつ聞き手の明日がよくなる気がするかどうか。

大丈夫、自信があると思う順に箇条書き文を並べる。野球でいえば打順構成を考えるのである。三、四、五番をどれにするか。話の頂点をどこにもっていくか。最も高いボルテージをもつ事柄が、話全体のさわり、頂点におかれなければならない。導入には聞き手の興味を刺激し、そのあとの展開に拍車のかかる事柄をおく。形式的な前置きは不要である。平たく言えば、**一番訴えたいことを頂点に置き、それを支える**

周辺情報をまわりに配置する。その構成で聞き手の関心が話し手の意図通り頂点に集まるかどうか、反応を予測する。皆がいっせいに注視したところへ、一押し二押しの決定的な言葉を投げ込むシーンを想定する。たとえば、危機管理についての講演で、ムードが十分盛り上がったと思ったら、

「危機管理の要諦は、判断項目に黒白をつけ、言うこととやることを一致させ、素早く行動すること、これに尽きます」

言い切ってしばらく間をおくと余韻の中で「そういうことだ」と聞き手は納得する。

また、地球環境・温暖化問題の講演では、

「神は田園をつくった、人間は都市をつくったという言葉があります。確かに都市は人間の叡智の集積ですが、その叡智は神のそれに比べるとだいぶ劣るという気がします。人間は田園を壊し、都市さえ壊し、さらには地球を壊そうとしている、それが地球環境問題の本質だと思うのです。人間は今、神よりも偉くなったと錯覚して積木崩しをしています」

こういうフレーズを、聞く人の表情の変化を目に浮かべながら言う。固唾《かたず》を飲むような雰囲気が出れば、この意見は通っていく。ざわつけば、賛否半々の反応である。

ともあれ、聴衆の反応を予想しながらシナリオを完成させていく。**感動を呼ぶエピソード、笑いを呼ぶユーモアなどを話の合間に入れる**ことも、シナリオづくりには必要である。特に講演などではこれが欠かせない。この場合も、フレーズで反応を予想する。

「神戸の地震火災の際、水の出ないホースを抱えて消防官が呆然と突っ立っていました。炎の逆光の中で黒い動かぬシルエットになっていました。消防官は悔しかっただろうと思います。燃える火に向かって何もできないのですから」

また、次のようなエピソードである。

「これまでにない景色をつくろうと職員が公園の池のほとりにニガウリを植え、棚もつくりました。ものの芽の力に雨の加わりぬ、という俳句がありますが、まさに雨のちからも借りてニガウリはつるを延ばしていきました。しかし、山吹ではないですが葉ばかり繁って花は咲けども実の一つだになきぞ悲しきなのです。晩夏になってやっとたった一本ですが実がなりました。お客様に眺めてもらおうという願いが通じたのでしょう。日増しにニガウリは育ち、太くなりました。職員は手を叩いて喜びました。

ところが、ある日の昼過ぎに見回ったとき、ニガウリがないのです。落ちたのではありません。誰かが取っていったのです。きっと夕食のおかずにと考えたのでしょう。

でも、スーパーへ行けば百五十円で売っているんです。公園の棚に吊り下がっていれば、十万円、二十万円にも値する景色をつくるニガウリです。もいでしまえば百五十円です。文化の話が単に経済の話になってしまう。実に残念な思いですが、来年もう一度チャレンジするつもりです。これでおわかりいただけたと思いますが、公園行政は単なる緑空間の提供をしているだけではありません。文化行政をしているのです」

これは実際に筆者がした講演の一こまであるが、会場はシーンとなった。

ユーモアについては、

「試験というのは競争率が二倍くらいのときはまだルンルン気分で受けられる。四倍になると少しきついと思う。十倍になるともう神様が必要ですね！」

神社に合格祈願した人が多ければ、多分いっせいに笑いが起こるはずである。

「この頃髪が薄くなりました。友達に年だというと思いやりのある答えが返ってきました。頭がすり減るほど考えて仕事をしてきたってことだよ」

聞き手の頬の筋肉が緩めば成功である。ユーモアというのは爆笑ではなく微笑を誘うくらいのものに味がある。なお、上司への説明や利害関係の厳しい住民などに対して、ユーモアを挿入するのは禁物である。上司は軽く見られたと不機嫌になり、住民は真剣さが足りないと非難する。

ユーモアを言うテクニックであるが、

○軽くいう。

○けなさない。

○持ち上げて、すとんと落とす。

○予想させ、そこへ行きつくとみせかけて、さっとかわす。

○描きだす姿、動作、考え方に罪のないおかしみ、滑稽さを出す。

○普段口にしない欲望、本音、裏話などをかわいらしくあっけらかんと暴露する。
○皆が考えるより品のいい着地をする（テレビのお笑い番組の笑いは攻撃的で、弱い立場の人をだしにする手法が多い。心が豊かになる笑いでなければユーモアとはいえない）。

一言でいえば、ユーモアのもとは「予想外」と「暴露」と「おかしみ」である。品よく言うのがコツである。

(4) 言い出しの言葉を考える

レジュメは、話をする順につくっていく。本番では絶対に必要というものではないが、話がそれたり、ぽかっと目の前に穴が開き、頭が真っ白になったときの軌道修正に役立つ。また、話したい項目を忘れないためのメモ代わりにもなる。

ここで大事なのは、話の始めの切り出しとレジュメの各段それぞれの切り出しのフレーズである。どういう言葉で切り出すか。出たとこ勝負でも上手くいくことがあるが、切り出しの方向を間違えると、話があらぬ方へ行ってしまう。「残念ながら」と切り出せば「…ない」と否定の方へ話は進んでいく。逆のことを言いたかったのにといっても言葉は方向性をもっているから、修正が難しくなる。考えてもいないことを言ってしまったということはよくある。

全国の自治体から女性係長百二十人の参加した研修会の基調講演をしたとき、冒頭意図しない笑いが起こってしまった。

「御茶の水駅から中央大学記念館のこの会場に向かって坂を下りてきて振り返ったらギリシャ正教の聖堂、ニコライ堂が見えました。ニコライさんおはようございますと思わず挨拶をして、さらに向こうを見ると湯島聖堂が見えます。孔子を祀ってあるのですが、学問、研修の神様でもありますからついでにおはようございますと挨拶をしてきたのです。皆さん、おはようございます」

なぜかここで爆笑が起こったのである。それがその後のムードを支配して、あとは何を言っても笑いのタネになる。

「工事現場によくロープが渡してありますね。黄色と黒の模様がついている、あれは虎ロープというんです」

こんなことでも愉快に笑うのである。ねじが緩んで正時でもないのに鐘のなる時計みたいになってしまった。

困るのは話が少し盛り上がったところで笑いで崩されることである。言葉が横へ横へと広がって積みあがっていかない。話は面白ければいいというものではない。伝えるべきメッセージを用意している。それを口にするチャンスが来ない。講師にとっては一種の危機である。

結局、笑いのムードを押さえ込むのに一時間かかった。どうしたかというと、ともにフランスの実存哲学者で作家のサルトル※①とボーボワール※②の自由恋愛の話をした。ボーボワールは「女性は女に生まれるのではない。女になるのだ」という言葉で知られ、女性解放運動の教祖的存在である。

※①**サルトル**　フランスの文学者・哲学者。戦後、実存主義を唱道した。作「嘔吐」「自由への道」。論著「存在と無」など。
※②**ボーボワール**　フランスの女性作家。実存主義。小説「招かれた女」、評論「第二の性」など。

二人とも自立し、愛し合って一緒に暮らす一方で恋人を別にもつという離れ業を世界に示していた。この愛の形は「二人が出会ったのは偶然だが、二人の愛は必然だ」というサルトルの言葉に集約されて日本でも人口に膾炙《かいしゃ》された。「二人の愛は必然」百二十人の女性係長たちはここでようやく真剣に耳を傾けてくれた。当日の講演のテーマに沿う話にもなった。会場のムードで話がそれるのも困るが、言葉が不用意に弾むのも困る。勢いあまって「女性は子供を生む機械」などと口走ると、聞き手の心が一瞬にして離れていく。

特に**差別語などへの気配り**は大事である。話がのってくるとブレーキがきかなくなり、「六月の渋谷の松濤温泉シエスパのガス爆発事故の際記者会見の途中で女性社長が泣き出してしまいましたが、やはり女性は経営者や管理職には向いていませんね」

こういう一見もっともなような偏見に満ちた発言をしかねない。実際に、筆者は友人からこう話しかけられた。泣き崩れたのは女性だからではない。男でも泣く。それは個体差である。

社会のルールでは、経営者は事故等に際しては冷静に真実を説明する責任をもつ。法令やルールは何人にも一律にそれを求めている。それが果たせる果たせないは性別、学歴、職種といったグループ属性とは無関係に考えなければならない。人は不思議なもので意識し過ぎると罠に落ちる。危険に近づくなと言われると近づく。差別語は絶対に使ってはいけないと言われ、十分用心しようと言い聞かせると魔が差すように「目が見えない人はかわいそうだと思いますよ」などとうっかり口からこぼしてしまう。こういう言い方が一番目の不自由な人を傷つけるという。心の中で同情するのは人間性があたたかい証拠ということになるが、大勢の前で口に出せば差別意識の裏返しとも受け取られかねないのである。

さて、会議での発言である。もし発言の口火を切る役目になったら、みんなの関心が集中し、すぐには反対意見の出ないような話題から入るとよい。最初に共感を呼び、親密感を抱かれるようにしなければならない。一度好意を抱かれると最後まで関心をもたれる。それが会議でリーダーシップをとる露払いの方法である。

発言にあたっては、高い調子にならない用心が必要だ。ついてくる人とこない人がはっきり分かれてしまうからである。賛成に回る人はいつでも賛成してくれるから、中立ないしは反対する人への配慮が特に求められるのである。いたずらに敵をつくらないためにも、トーンを半音下げて切り出し、様子を見るべきである。そして、議論の終盤で強く押し出していく。主張のトーンを上げ、説得する。どうせ結論は一つだからといきなりそこへもっていこうとすると必ず反作用が起こる。

(5) 余韻を残す終わり方

終わりよければすべてよし、というのは実に真理である。その前の失言や激論は水に流される。別れ際、笑顔が獲得できるように終わりの言葉を考えなければならない。エンディングは、こんな終わり方が望ましい。


〇人間賛歌につながる感動的なエピソード。

〇聞き手が普段考えていたことは間違っていなかったという安心感の付与。

〇皆が自分にもできる、望みがあるという思いを抱けるように終わる。

〇具体的なメリットが見える話を添える。

〇厳しくても、それを越えれば希望が見えるという展望を見せる。


聞き手の元気や自信を失わせないことが「余韻」であると心得るべきである。

次は、かつて筆者の新規採用職員にした挨拶の終わりである。

「皆さんもごらんになったと思いますが、日比谷公園のクスノキの若葉が萌えあがっています。緑の炎です。あの緑はみなさんの姿そのものだと思います。あれは俺だ、私だ、ときっと思った人も多いでしょう。来るときに見逃した方はぜひ帰りにご覧になってください。元気の出る緑です」

こういう言い方をすれば、みんなの気持ちが明日につながるのである。私の言うことは正しい。あなたがたは従わなくてはならないと決めつけるような結論で話を締めれば、聞き手に重荷感と緊張感だけが残るのである。

(6) 本番に向けての練習

プロフェッショナルほど準備に時間をかけるといわれている。日曜日のＴＶ人気番組の「笑点」などを見ていると落語家がいとも簡単にユーモアを連発しているように思われるが、準備、練習に時間をかけているからできるのである。一回だけならとっさの名回答もありうるが、毎回となれば事前の研究やストックの掘り出しが必要である。

作家の大江健三郎なども講演をするときには下書きを書いてくる。立て板に水のように話す井上ひさしなどもメモをもっている。

結婚式で新郎新婦の親がお礼の挨拶を述べるとき、丁寧に折りたたんだメモを取り出し、震える声で殆ど棒読みするようなシーンにであうが、朴訥な挨拶に真実がこもり、会場いっぱいに感動が広がるのを覚える。不器用な話し方であることが婚姻の喜びと巣立たれる側の一抹の寂しさをクローズアップするのである。

話の本番前には入念な準備とトレーニングが必要である。

まずは、話す内容の暗記である。人名、数字、そのほかのデータ、名詞や専門語をそらんじ、かつ、予定した話の順に沿って考え方や意見をすらっと言えるようにする。因果関係があるものは、その因果関係を暗記する。

次に、「起承転結」や「話の切り出し、さわり、落ち」という構成にしたがって実際に声に出して言ってみる。自分の声を耳で聞くと、より優れた言い回しや、論理の切り口が見つかったりする。それをメモして修正を加える。要するに「はじめ」「まんなか」「さいご」、この三ステージを繰り返し練習し、修正し、内容を豊かにする。

最後は、発声練習である。筆者は大きな会議や上司、住民への説明、交渉、講演などがある前夜に、必ず三十分の発声練習をする。声がかすれ、音量が十分でないときは、そちらに気をとられて話がギクシャクするからである。何より、声がよく出るときは頭が回転し、自信もわくのである。うるさ型の上司への説明でも怖くない。声が正解への道筋へ案内してくれる気がする。

これは、係長時代に研修担当をしたときの教訓である。ある大学教授の声がかすれて聞き取りにくかった。研修生の一人が「声が小さくて聞こえません」と言った。すると「しばらく話をしているとそのうち声が出てきます」と講師が答えた。

発声練習は、普段カラオケや仕事で声を出している人もした方がよい。声の出し方、口のまわし方、使うボキャブラリーが違うばかりではない。身振りや視線の向け方も違う。会場での本番を想定して発声練習をすれば、顔に向かってくる視線の強さなども想像でき、舌の回し方も実感できる。何よりも発声練習で声が出るようになると自分の体そのものが爽快で気持ちがよい。

歌手の井上陽水が「子供の頃、声で感動させることができる、と感じたことがある」と書いていた。彼の場合美声であるからなおさらであろうが、普通の声でも鍛えた声は美しい。きちんと発声すると地声の混じらないきれいな声が出るのである。賛美歌を愛好する人たちと話をして透明感のある声に癒しを感じたことさえある。また、たまたま通った上野公園で高校生の合唱団が練習をしていた。その声のハーモニーの美しさに浄化感を感じたこともある。声には、人の心を癒す効果がある。その意味では、声帯は楽器といえる。

2　会議での対話法

次に述べるのは会議での対話の心得である。いろいろな会議で発言し、意見をまとめてきた経験であるが、国語的な意見表明能力のほかに「会議の動向を読む」能力も求められる。

ただし、それは国語力と無縁ではない。私たちは、考え、洞察し、読むときに言語を通して頭を働かせるのである。言語表現力が考える力の源泉なのである。

(1) 名前を覚え、呼ぶことが相互理解の第一歩

福岡市で行われた会議の模様から話を始める。道路行政に関する国、自治体の合同会議である。協同討議、現場視察、懇親会を二泊三日の日程でこなす。参加者は殆ど全員初対面である。例外的に何人かが仕事を通じて知りあい、または顔を見たことがある程度の関係である。誰がどういう立場で発言するかわか

らない。座席には団体名を書いた机上札が立っている。参加者の名前はない。ただし、名簿を事前にもらっている。だが、全員で三十数人になる。顔と名前をつきあわせるのが大変だ。

名前がわからないから初めは互いに机上札を見て、兵庫県さん、国土交通省さん、東京都さんとか、妙な呼び方をして会議が進行する。「国土交通省さん」だけでも五人いる。

出席者の簡単な自己紹介がある。複数出席している団体の人は序列順、つまり名簿順に並んでいる。見当はつくが、口を利いたことはない。名前をいきなり呼ぶのも変である。様子を見る。

初対面の人との会議は日常的にもある。関係機関との会議、庁内の関係部課との会議、研修会などだ。

こういう場合最初にやるべき作業は、名簿と照合しながらの個人的座席表づくりである。名前はフルネームで書きこむ。できれば会議が始まる前に、主要メンバーについては事務局や幹事に聞いておく。とにかく、議論する相手の名前がわからないのでは、話も見えない、というか、噛み合うものも噛み合わない。組織間の会議であっても、議論する時は、個人に戻って話すのだ。個人的なレポートの形成が先である。

一方、自己紹介が終わったあとに名前を呼ぶと驚かれもせず、呼んだ方も呼ばれた方もその瞬間から緊張がとける。たいていの人は、名前を早々に覚えてくれたことに感謝の気持ちを抱く。そして、呼んでくれた人に強い関心を示すのだ。名前を覚えるといっても、間違えては効果が台無しである。名簿にその人の特徴を書いておく。顔の輪郭、目や眉や鼻の形、耳の色、声の質などである。名前の字面と特徴のうち三つくらいをセットにすると、外ですれ違ってもすぐに記憶がよみがえる。一日で出席者全員の名前を覚えるのは無理であるけれども、とにかく覚える気持ちになることである。

横浜市の緑川さんは髪が黒々して太っていた。太い幹に緑の葉っぱ、それが横浜市のイメージだというふうにセットで記憶すると、顔と名前と所属団体名が一致する。緑川さんとは食事のテーブルを一緒に囲み、高速道路やベイブリッジ、みなとみらいの話などを聞いて親しくなり、後日電話で補助金や国との関係などについて率直に情報交換する間柄になった。名前を覚え、呼ぶことが、相互理解の第一歩である。

⑵ 言うを二分、聞くを八分

共同討議の間、隣席は佐賀県の人だった。シャイな性格らしくこちらから話しかけても無関心をよそおっていた。このままでは会議の終了と同時にお別れとなる。だが、それではせっかく隣り合ったのにもったいない。知らない佐賀県の話が聞けるチャンスである。人の話の方が本を読むより頭に入るし、生々しくて面白い。人は歩く情報源である。

休憩時間に名簿の自分の名前の欄を指さしながら、あらためて自己紹介をする。「で、あのオー」と声をかける。そこまでやればさすがに相手は恐縮し、あわてて名前を名乗る。こういうときにしっかり名刺を出す人、名乗るだけの人、名簿を指さす人など反応はいろいろであるが、そのあとは急速に打ちとける。頃合いを見て、「佐賀県には、カササギがいますね」と、水を向ける。カササギは県の鳥であり、天然記念物だ。秀吉が朝鮮からつれてきて、放ったという。地理、天候、食べ物、観光、古代の遺跡その他誰にも関心のありそうな話題で、話をつなぐ。話題を相手の興味のあることに集中すると、思わぬ深い話が聞ける。人は本来的に自己表現を好む動物だ。名前がわかり、気心が知れると会議にはずみがつく。発言したい人ばかりになる。冗談を言う人、大笑いする人、経験談を長々と述べる人、弁解する人、正論を吐く人…。誰かがしゃべる間は聞き役に回る、冷静に聞いていると、情報提供型、反対意見型、無責任放言型、慎重消極論型、やらない論型、議論破壊型、日和見型、当事者能力欠如型、平均値型、オピニオンリーダー型、的確判断型等の区別がついてくる。

いずれにしても会議の当初は耳を働かせる。**言うを二分、聞くを八分に、自分のポジションを見定めるのがよい**。このことは会議の当初だけではなく、終わりまでといっていいかもしれない。聞くを八分の気持ちでもきっとそれ以上に発言している。特に窓口に来る住民に対しては耳一〇〇％で仕事をするくらいがちょうどよいだろう。

(3) 理論で勝つ危険

発言にあたって、気をつけるべきことがある。

第一には、**他人の意見を全面否定しない**ことだ。

「それはおかしい」「間違っている」「言葉を返すようですが」「まことに失礼ですが」

などと枕詞をつけながら反対論、否定論を展開するのは喧嘩を売るのと同じである。相手は内心不快がり、復讐心に火をつけてしまう。

特に避けなければならないのは、理詰めで言い負かすことだ。

「さっき補助金は要らない、と言いましたが、地方交付税の中に入っているのをご存じないのですか。いらないどころか、すでにあなたの市ではもらっているんですよ」

議論というのは、侍の真剣勝負に近い。肩口を切りつけられて黙ってはいない。

「道路予定地から埋蔵文化財が出た場合は工事をストップするほかありません。遺跡は歴史的文化財であり、国民の共有財産ですから、あえて言わせていただきますが、××県さんのおっしゃるような隠ぺい工作はやってはいけないことです。文化財保護法五十七条に書いてあります」

こういう正論で誰かの心からの悩みを非難、否定すれば、後日計算外のことが起こる。江戸の仇を長崎で討つ、ということがある。そのときは穏やかに収めても、別の日、別の会議や交渉で感情的な仕返しが行われる。しかも、仕返しされるのはタネをまいた当人ではない。団体が仕返しされるのである。仇を打つ方は団体の代表者に対して攻撃を仕掛けるのである。

たまたまその日の会議に出席した人には、因果がわからない。なぜそんなに○○市の人に反対され、目の敵にされるのか、心当たりがない。○○市の人はやたらに攻撃的だという印象を抱いて帰る。その人が会議の報告しがてらそのことを言いふらすと、○○市の人は皆攻撃的であるというような風評ないしは先入観が広まるのである。こういう目に見えないトラブルは隣接する団体間や国と地方、県と市町村、自治体と財政支援団体の間でよく起こる。東京都と千葉県の間で漁業区域の埋め立てをめぐって担当者の私的感情により交渉が数年長引いたことがある。首都高速道路公団と東京都の間でも担当者の仇討ち精神がトラブルを招いた。因果がわからないだけに、もつれをとくのに無用の時間を費やしてしまう。

このように組織間の会議や交渉では局地戦で勝っても全体で邪魔をされることがあるから、小さな会議であれ、そういうことを見越しながら発言する必要がある。**理論で勝つほど危険なことはない**のである。

(4) 会議の落着点の予想

情報交換を目的とする会議では、意見の対立は殆ど起こらない。利害が対立し、結論までの期限のある会議でどう主張し、譲っていくかが問題である。こういう会議の席では、常に複数の意見が同時存在し、かつ、合意を目ざして相互浸透している。新しい意見と古い意見が、一人の人間の中で相互に影響しながらゴールに向かって進行するのである。反論や再反論、新規提案、間違いの訂正、論証等の繰り返しの中で、三方一両損ではないが、飲める案の輪郭が固まってくる。

こういう時点で根本から振り出しに戻るような提案をしてはいけない。たとえば美術館の入場者を増やすための関係機関合同会議があったとする。いろいろなアイディアが出たけれども、これという決め手が見つからない。

「そもそも東京都現代美術館が江東区の木場に建てられたことが間違いです。現代美術は抽象、ポップアートが主流です。それだけでも人気がないのに、この地域には美術を育んできた伝統や歴史がない。江戸時代の木場は諸国から来る木の集積場だったわけですから、地元に美のポテンシャリティが蓄積されていない。それに加えて駅から遠く、バスなどの交通の便も悪い。すべてにおいて客足が遠のく条件がそろっている。思い切って現代美術ではなく印象派のような大衆的人気の得られる絵の美術館に衣替えすべきです」

洞察力に富んだ貴重な意見であるが、みんなが求めている意見ではないのである。どんなにすばらしい提言でも時と条件がそろわない時点では言うだけ無駄というものである。**不可能な正論ほど会議を混乱させるものはない**。参加者の誰もが受け入れることのできる建設的な意見を目ざすことだ。

Ｓ課長、すでに現役を去っているが、この人はみんなの考えるポイントへ結論を落とすのがうまかった。彼のやり方は、とにかく人の意見をよく聞く。だが、ただ聞くのではない。いかにも、心から感服し、目に驚きを浮かべる。タイムリーに相槌を打つ。質問をする。相手が言葉に行き詰まると、ちょっぴり意見をはさむ。それが誘い水になり相手は新たな手掛かりの言葉を見つける。その間、Ｓ課長はまめにメモをとる。これが彼のまとめ方の最大の秘密らしい。ひととおり、出席者の意見が出揃うと手を挙げ、発言を求める。そして、これまでに出た意見を分類し共通点、相違点、長所、短所等の比較を述べる。その中で間違いや錯覚の訂正もする。それからやおら遠慮がちにバージョンアップした独自の考えを述べる。

S課長の説明を聞いていると、おおむね会議の落着点、結論の輪郭が見えてくる。あとは皆が自分の顔を立てつつS課長の描いた結論へ導かれるように論を進めていく。S課長の凄い点は、誰もが潜在的に求める結論を描く能力である。それを的確な言語表現で言うのである。あなたの意見も、そちらさんの意見もこの結論には入っている。十分読み込める。S課長はいわば**皆の意見を言葉に集約する才能**をもっている。自分の首長の意向が拡大解釈であれその中に読めるならいいやと妥協する行政マンの習性を、よく知っているのである。

かつて建設省から国の外郭団体に出向していた局長がいた。総務担当理事についていた。この人も意見の集約がうまかった。東京都との間で土地の賃借料をめぐって激しく意見の対立が起こったとき、「役人を法律違反状態に置くわけに行かない」と理事は発言した。具体的な解決案を言ったわけではないが、誰もが納得するほかなかった。様々な立場の読める案、その上に関係者の気持ちはすとんと落ちる。

(5) 刻々と風景が違ってくる説明

能力があるとかないとかいう、その判断基準は究極のところ、説明の上手、下手であり、発言の的確性にある。口は朴訥でも、言うことが妥当で、問題の急所をつく言語表現で説明されれば多くの人は納得する。特に管理職層においては**議会や住民、トップへの説明の上手、下手はその人物の評価を分ける**。調査力や表づくりや計算能力など以上に重要なのである。

かつて東京都にいた鹿谷という部長は、議員が一目も二目もおく、説明巧者であった。たとえば次のように説明する。

始めに、全体の枠組を述べる。淡々と、声は小さめだ。そのためにかえって席上がシーンとなる。花火でいえば、夜空に向けて火の玉がのぼっていくのを、固唾《かたず》をのんで眺める場面だ。あまり面白くはないが、何か期待を抱かせて、聞き逃すことができない。

次は、事実と事実の相互の関係、関係機関等との話し合いの模様など、問題の所在とポジション並びに広がりを明らかにする。何が問題か、その占める位置はどこか。花火でいえば、夜空に上がる火の玉の大きさを説明する。

そして最後に、示した花火の輪いっぱいに見解、判断を述べる。説明のヤマ場といっていい。ここで鹿谷部長の声が大きくなり、トーンも上がる。一言、言い加えるごとにイメージが鮮やかに広がっていく。言葉が傘状に開いたかと思うと、投網状に広がるのである。目が放せない。耳が釘付けになる。やがて言葉とイメージが全開して夜空を埋める大輪の花火になる。

聞く方は仰ぎ見て満足を覚える。議会の答弁に快感があるということを知った初めての体験である。残念ながら、その後そういう答弁にお目にかかったことはない（鹿谷部長は後の副知事）。

さて、精神力、人間性なども能力のうちである。また、判断力、洞察力、対人能力、責任能力等も能力を構成する。こうピックアップすると、話す、説明するだけが能力だというのは、ビジネス一般としては言い過ぎかもしれない。ただ、もう一度繰り返すが、言語表現力は行動力を含め、これらの能力の一段上位にある能力という面がある。住民説明、議会答弁、資料説明などで結果を決め、表明するのが結局言葉なのである。人の実力は言葉に現れ、能力を代表する。言語表現力は総合評価の指標といえるのである。

ここで言いたいことがさらに一つある。それは言葉は心を映し、物も映す鏡であるということである。言語表現は結局人と人、つまりは心と心をつなぎ、物と物をもつなぐ。心にわいたイメージは言葉に変わり、そこ、ここにある物の姿も言葉に変わる。世界はすべて言葉によって存在するのである。

言葉力と関係の薄そうな行動力も、結局は心の鏡としての言葉の喚起力や発展力をダイナモとする。なぜ行動するのか、行動の目的は何か、何によって目的へと導かれるのか。動物ではそれはずばり本能であり、具体的な「物」の獲得であるが、人では言葉を求める。その言葉は心と物を映す。つまり、言葉を獲得することは心と物を同時に獲得することにほかならない。人はパンのみに生きるにあらずとは、物と心と言葉がこのように三位一体であることをいっている。一言でいえば、**言葉は心と物の容器**といえる。

(6) 弾みの恐ろしさ

福岡の会議の話に戻る。二泊三日の間、終始脚光を浴びた人物がいる。A県の課長だ。

福岡県には古墳が多い。公共事業には古墳の発掘、移転、保存がつきものだが、彼はそれを迷惑がっていた。主催者の一人、国の事務所の課長が「それが一番の悩みです」と、賛意を表した。

しかし、その声には吉野ケ里遺跡が代表するように古墳の多い土地柄を誇るニュアンスがにじみ出ていた。たとえば縄文晩期の墓などを移転、復元し、観光資源につくり変えた自信がうかがえた。

ところが、A県課長は大きくうなずき「お悩みでしょうな、わかります。古墳の保存など、私は一文の価値もない、と思いますよ」と言ってのけた。見識を疑うが、それ以上に、主催者側を喜ばせるためなら何でも言う態度に、出席者一同みんなびっくりした。

このA県課長は話の横取りもする。しばしば「私も同じことを考えておりまして」と人の発言をさえぎった。

「いや、そのお話なら、私も承知しております。確か『開発』という雑誌に出ておりましたね。それより、私がヨーロッパへ行ったおりに研究したことをお話させていただきます…」

何でも自分中心の話題にもっていく。彼が発言するたびにうんざりムードが広がる。彼の発言が唯一賛同を得たのは、「事務局にはご迷惑をおかけしますが、本日の会議のメモを整理し、後日配っていただけないでしょうか」という虫のいい提案だった。

この項の最後に、会議で発言する場合のポイントをまとめておこう。

①発言するときは一呼吸おく。意味ある発言か、三秒間考える。
②自分にブレーキをかけながら発言する。本能的、即物的発言は失言につながる。
③課題をあとに残さないように先のことを考えて発言する。

④思いつき、推測でものを言わない。
⑤人の発言については、事実を述べているのか、評価を言っているのか、意見なのか、提案なのか、あるいは矛盾したことを言っていないかを見極める。
⑥感情、特に攻撃的感情はおさえる。
⑦長々と発言しない。言いたいことを一つだけ言う。
⑧柔らかい言葉の組み合わせによる強い表現を目ざす。
⑨意見を筋道立てて言うときは、必ず起承転結、まくら、さわり、落ちのサイクルをワンセットにする。
⑩時々、議論の整理をし、ピント合わせをする。

3　スピーチの仕方

公務員は、話す職業だといっていいくらい、スピーチ、説明、講演等の機会が多い。

スピーチ、講演等（以下講演等という）を成功させるには、それを頼まれて承諾する時点から戦略を考える。自信のない主題での講演等は受けない。勉強の時間が十分とれる見込みがない場合も同じである。受諾すれば、得意、不得意を問わず結果責任を負わねばならない。忙しくて準備ができなかったから、不得意な分野だったからとあとで弁解しても聞いてくれない。個人的事情は、依頼者や聴衆には関係がない。

引き受けたことが責任のすべてである。

　次のことを頭に入れて準備をする。

○趣旨、目的

○聴衆の人数

○聴衆の関心事や知識、教養の程度

○時間

○会場の大きさ

　人数や会場を気にするのは、ただ、与えられた時間を言葉で埋めるだけにしたくないからである。やるからには話と一緒に感動を届けたい。感動は人を元気にする。

　たとえ知識や技術の習得を目的とするドライな集まりや大学等での講義であっても、説明だけで終わらせたくない。そのためには時間や参加者の関心に見合う話の濃さが求められるのだ。参加者数の少ない大会場での話は気が散る。こういう集中力の拡散される会場は避けなければならない。

　講演等の成功の最大の秘訣は、**話す内容があること**につきる。

　準備の第一は**インプット**である。主題に関する資料、参考書に広く目を通し、直接かかわっている人から話を聞く。自分の体験談を入れるのも悪くない。百用意して、十使う気持ちでちょうどいいと思う。鐘の音は、打ち手によってちがうという。馬力の大きい急所をついた内容で聴衆を打てば、いい音色の反応が返ってくる。基本書、専門書は原理、原則の確認のため必ず目を通す。言いたいこと、訴えたいことを明快にまとめるためにも必要な作業である。原理、原則など現実には何の役にも立たないとうそぶく人がいるが、そんなことはない。原理、原則は現実の現象から帰納されているのである。役に立たないどころか、現実は習った通りの原理で動いている。形を変えているから気づかないだけであって、原理、原則はどういうケースにもつらぬき通っているのである。

法律を例にとると、条文の中に、現実はすっぽり入っている。**あらゆる法令は現実を反映し、あらゆる現実は法令という原理、原則に集約されている。**科学の原理も人文の原理も、われわれの生活の中で生きており、経験と一致するのである。

話に厚みと広がりと色彩、変化等をもたせるためには**新聞、雑誌、参考書、先輩、友人、経験者の話しを加える。**話の対象となる**現地、現場へは足で確認に行く。**体験談のメリットは、本などにはない原料の香りがあることだ。「香りの形見として料理を食べる」という名言があるが、話にも生々しさと香りは不可欠である。また、香りをまぶされた鼻の記憶は長い時間続く。目や耳で記憶するよりも鼻で覚えたことは記憶に残る。話の内容は目と耳で覚えてもらい、記憶の持続は鼻にしてもらう。

また「真実は細部に宿る」という言葉があるように、細部にわたる情報があるほど話は説得力を増す。細部のメッセージは現地、現場にしかない。

聞き手の判断力は説明者の知恵をはるかにしのぐといわれている。人は多数集まれば集まるほど嗅覚と勘が鋭くなる。聞いて判断する速度は、話をする速度の四倍速いというデータがある。話の内容を即座に評価できるのが聞き手の立場であり、多数の洞察力である。

第二は、必ず**レジュメないしは説明要旨をつくる**。耳から入る話を目で追ってもらうためである。

これは上司への説明や住民への説明でも、不可欠である。レジュメは話し手と聞き手の意識がその上で一致する焦点なのである。話し手の説明が悪い場合、逆に聞き手の理解が進まない場合は当然両者に乖離《かいり》が起こる。レジュメはこの不一致に気づく手掛かりを与えてくれる。着目点は聞き手の視線の行き先である。説明と理解のずれが瞬間にわかる。ところが、往々にして、聞き手の様子を全然見ないで説明を続けたりする。東京都の石原知事はブリーフィングを受けるとき資料をどんどんめくっていく。重要な箇所に目を留め、疑問がなければ先へめくっていく。そして最後のページをめくって説明者の顔をじろっと見る。それでもまだ説明を続けると「もういい」と一喝し、書類を投げ出してしまう。青島幸男、鈴木俊一両氏の場合は逆で辛抱強く説明が終わるのを待っていた。

いずれにしても、説明や話は聞き手の理解のテンポ、視線に合わせて進めることが鉄則である。

スピーチでは違う。レジュメを配ることはないから、聞き手の顔色を見て判断するほかない。一分話して聞き手の気を集中できなければ、導入の話がつまらないのである。シーンと固唾をのんで聞いていれば、そのまいける。駄目なときはギアチェンジする必要があるが、そういうことを予想してあらかじめ三通り程度話題を用意しておく。その意味は二つある。話の内容を変えることができること、そして、これが大事だが、三つ程度の話題を用意していると不思議に何を話してもこちらを向かせる力が出るのである。表に出ない話の磁力が聞き手の耳をひきつけるらしい。

第三は、**エピソード**である。これは絶対に必要というものではないけれども、起承転結の「転」の効果がある。話がそれる感じがあるので聞き手は息抜きできる。ところがその「転」の内容がやがて話の本題を増幅する。ここで驚き、かつ感心するのだ。**エピソードは成功例より失敗例や裏話**が参考にもなり、喜ばれもする。人の失敗談を聞くのは皆好きである。成功譚は自慢話を聞かされるようで言う本人ほど面白がらない。成功譚にはユーモアもない。失敗例にはおかしみがあるだけではない。針で突くように人間の真実を射る箇所がある。泣き笑いの中にしばしば、人間というものの隠れた本質が垣間見えるのである。エピソード探しは、そういう目でするとよい。

第四は、**話の順番**である。これについては２２０ページで触れた。念のため、論文の書き方でよくいわれる構成法について簡単に述べる。論文構成には**演繹《えんえき》的構成**と**帰納的構成**の二つがある。

たとえば「犯人はおまえだ」というように結論（真理）を先に出すのは、演繹的構成である。ピーター・フォーク主演の「刑事コロンボ」シリーズは、普通の推理小説やスリラーものとは逆に、犯人とその手口を冒頭で明らかにする。そのあとの立証過程で見せ場をつくる。

この演繹法は数学や物理の命題・仮説の提示、あるいは古代史の新説の提唱によく使われるが、当然のこととして論理的推理力が問われる。実験と論証の迫力でひきつける。反対に具体的事実・エピソードなどを多数集めてその中から真理を抽出・証明し、結論を導き出すのが帰納的構成である。証拠をたくさん集めて犯人との結びつきを立証し、「まちがいなくお前が犯人だ」とする手法である。「漱石は死んだ。龍之介も死んだ。美空ひばりも死んだ」と事実を集めるまでが帰納法、「ゆえに人は死ぬ」と法則を立てるのが演繹法である。文章力アップの項で述べたように人文科学の論文やレポートの殆どは事実を述べ、問題点を提起し、そこから結論を導くというプロセスをたどる。仕事の説明や講演も殆どはこの帰納法的アプローチである。

五分程度のスピーチも、帰納的構成でストーリーをまとめれば失敗がない。演繹的構成では次の証明をしっかりやらないと話が焦点ボケになる恐れがある。帰納法では聞き手が結論を推察できるメリットもある。時間切れで多少まとめが曖昧になっても格好がつくし、面白い話を挟んで話が脱線しても形は整う便利さがある。

ついでながら、**人前で話すときあがらないコツ**を述べておく。**最初に大声を出してしまう**ことである。大声は隠れようとする自分をさらしだすことにほかならない。挨拶や冒頭の切り出しで大声を出し、聞き手に自分の方を振り向かせてしまえば、もう逃げも隠れも引き返しもできない。極限状況。そこで覚悟が決まるのである。

Ｋさんという自閉児をもつ山の手暮らしの奥さんの体験談を聞いた。月に一回、ボランティア仲間の勉強会に出席していた。障害児の親としての悩みを話したり、聞いたりする集まりである。始めはそういう集まりに行くこと自体が恥ずかしくて、人とどうしても話せなかった。いわゆる貧しい庶民と共に悩むということにKさんは違和感をもっていた。自分はここにいるべき人間ではないという思いがあった。しかし、障害児の家族は互いに助けあっていかざるを得ないことを徐々に理解する。

順番がきて彼女は、自分の体験談と悩みを三十人の前で話すことになった。だが、動悸《どうき》がして初回は休んで逃れた。次の機会にはあがって立往生してしまった。六十の目が、耳が、彼女の口を凍らせた。冷たい汗、蒼白《そうはく》の顔、あごが動かない。指導に当たる大学教授が、そばへきて、ささやいた。

「一対一でいきましょう。私に向かって話してください」

三十人に向けていた顔をKさんは教授一人に向けた。

「さあ、話して下さい。息子さんの異常に気づいたのはいつですか」と教授は促す。彼女は、教授に向かって話しだした。すうっと目の前から三十の顔、六十の目と耳が消えた。不思議なことに、言葉が流れるように出てくる。潜在意識を締めつけていた不安とプライドがとける。言葉が自在にのびる。受けとり、巻きとる人が向こうにはっきり見えだした。気がついたら拍手をもらっていた。

説明や講演も、基本は会話と同じく、一対一の構図をもつ。一人に向かって話すのを周りの人がついでに拝聴するという構図と思えばよい。みんなに向かって話をすると思うから緊張するのである。

最後に、筆者が異動で職場から離れるときのスピーチの一例を紹介する。

このたび、異動ということになって心から残念に思います。皆さんと別れるのも辛いが、三年前、赴任したときに心ひそかに芝生広場の隅に植えた藤がまだ一度も咲いていないのが辛くもあり非常に心残りです。

思えば公園の仕事は初めてでした。公園の「こ」の字ほども緑のことを知りませんでした。よく見かける花の名前さえ知らず「もくれんですよ」とＨさんに教わったときはあまりの自分の無知ぶりにあきれるやら悔しいやらで、

「今に見ていろ、おれだってきっと梅と杏の区別くらいわかるようになってやる」と思ったものです。お陰で今はボタンと芍薬の区別もわかります。皆さんのご指導の賜物です。

三年間で一番感じたことは、

「公園は都市の良心である」ということです。人はより便利に人間らしく生きるために都市をつくりましたが、悪貨が良貨を駆逐するように合理が非合理を駆逐しています。経済は文化や情緒を隙あらば駆逐する、という意味です。年々、都市の緑の量が減り、その分ビルが立ち並びました。放っておけば、緑はなくなります。人間らしさを求めて都市をつくったのに砂漠化して、人間らしい生活が送れなくなるという逆説の中に私たちはいます。その中で公園行政はがんばっているわけです。絶対に面積を減らさない。樹木一本、花一輪減らさないとがんばっている。公園は都市の生命線である。それが「都市の良心である」という意味です。皆さんのがんばりが良心なのでありま

す。良心をなくしたら人も都市もおしまいです。

ところで、良心で思い出すことがあります。戸山公園を見回っていたとき、花壇からパンジーを三株ほど掘り取って、持ち帰ろうとしたおばさんがいました。「どうするんですか」と注意をすると「家の花壇に植えるのよ。いいじゃない、こんなにあるんだから」と悪びれもせずに持ち帰ろうとしました。もちろん、取り返しましたが、「盗む」ことと家に花を「飾って楽しむ」こと、「公」と「私」が同一人物中でどう調和しているんだろうと不思議に思いました。悪と善、邪心と良心が対等に同居している。確かに誰の心にもあることですが、普通理性でコントロールしています。それができない人がいるということがいろいろと問題を起こすわけですね。そういう人がいるのが現実の社会だということを痛感したところです。

公園行政はきれいで楽しいことばかりの職場と思われていますが、今お話したように人間の暗部にも直面することが多い。ホームレスの問題やごみの不法投棄、夜間の自殺や麻薬の販売の場になるという問題もあります。公園は良くも悪くも都市生活の明と暗を反映しています。益々皆さんの働きが重要になっています。

異動で私は明日からまったく別の仕事につきますが、目ざすところは住民の幸せづくり、心は一つです。今後ともこれまで同様におつき合いをいただきたいと存じます。皆さんのご指導に感謝申し上げつつ、またご活躍を祈念しつつ、危うく忘れかけましたが、芝牛広場の野田藤をぜひ咲かせていただきますよう最後にお願いして離任の挨拶とさせていただきます。

スピーチのしめくくりは、明日につながる、未来が見えてくるような話題がよい。

学習のポイント

○三分は話の項目を並べるだけで過ぎる時間だ。十分以上になるとわかってもらいたい本気の気持ちと内容の蓄積がためされる。
○名前を覚え、呼ぶことが相互理解の第一歩である。
○コミュニケーションは言うを二分、聞くを八分の心がけでちょうどよい。
○理論で勝ってはいけない。情で勝て。
○スピーチや講演は言い出しの言葉、話す順序、余韻を残す終わり方に神経を集中する。
○発声と話す内容の暗記など本番に向けての練習が不可欠。
○あがらないためには最初に大声を出してしまう。

第2部　実践編

第4章

わかりやすい表現のテクニック

月　日（　）

１　わかりやすい表現とは何か

まず、わかりやすいとは何かを考えてみよう。それは、話し手、書き手と聞き手、読み手の頭の中が一致することである。日本で日本語が通じるのは、言葉一つひとつに対する社会通念が人々の間で一致しているからである。

割符《わりふ》というものがある。見開き文書などの中央に印を押し、二つに割ったものであるが、割れ目がぴったりあえば二つが同一物であるという証明である。わかりやすい表現とは、この割符のように発信者の言葉の世界と受信者の言葉の世界が一致することである。一致しないのは、たいていほんのちょっとしたずれが原因である。

筆者が住むＫ市の図書館の洗面所のレバーは下げると水が流れ、上げると止まる。これが我が家を始めデパートや会社の洗面所とは逆なのである。行くたびに逆であることを忘れ、無意識に力を入れてレバーを下げ、戸惑う。もし、湯の出る赤い蛇口と水の出る青い蛇口があって、これを逆にしたら大変なことになる。やけどをする人が続出するだろう。もっとも、Ｋ市の図書館の場合、理由があるのかもしれない。手の不自由な人や力の弱いお年寄りのためにレバーを下げれば水が出るようにしてあるのだろう。そのせいか、時々水が流れっぱなしになっていることがある。

コミュニケーションがうまくいかない場合も同じである。何らかの原因で「通念」（いわゆるルール）が乱され、割符が一致しない。たとえば妻が夫に「そこにあるでしょう」と向こうにあるものを指差す。夫は妻の指を見、「何が」と呟《つぶや》く。予想外の反応である。万事この調子で「まったく」と妻は舌うちしたくなる。それでも一般的には我慢しあい、夫婦は無事に結婚生活を続ける。

話や文章では、我慢しあって通じるということは期待できない。無理をしてでも割符をあわせていかなければならない。

２　実践！わかりやすい文書づくり

ここからはわかりにくい表現の例とその修正法を見てみよう。

●具体例①

平成十八年度の統一選挙の前、テレビにマイクを向けられた衆議院議員がこう言った。

「法案通過の阻止に全力を尽くして当たりたい」

一瞬妙な気がしたのは法案の通過阻止に全力を尽くすと言っているのか、阻止されないように全力を尽くしていくと言っているのか、どちらの意味にもとれたからである。民主党の議員とわかって、法案の通過阻止に全力を尽くすということと理解できたが、自民党の議員がそう言ったなら、反対の解釈ができたはずである。「――阻止のために」と目的を明確にすれば誤解されることはない。

●具体例②

あるデパート系スーパーマーケットのトイレのことである。おやっと思う貼り紙を見かける。「このトイレは安全のため従業員も使います」とある。安全だから使うというのか、お客様の安全のための見回りを兼ねて使うというのか。真意はわからないが、万引き防止の見回りを兼ねているともとれるし、他に従業員専用のトイレがないからこのトイレを使わせてもらうと知らせているようにもとれる。これなどは客にとってはどうでもいいことなので一瞬変に思うだけである。「――お客様の安全のため」とすれば、変だと思われなくてすむ。

●具体例③

権利義務の設定や資格の得喪を知らせることの多い役所の文書では、変ではすまされない。

「固定資産税・都市計画税はコンビニでも納付いただけます」

納税通知書の封筒の表にこう書いてある。そこで近くのコンビニへ行くと「うちで扱えるのは三十万円までです」と店員が言う。封筒をよく見ると「コンビニでも納付いただけます」の下に一段小さくした活字で「三十万円以下のものに限ります」とただし書きがしてある。「どうせ書くならもっと大きい字にしてくれ」と怒鳴りたくなった。この場合、表現技術という観点から見れば「三十万円以下はコンビニでも納付いただけます」とするのが妥当だろう。

それにしても、封筒の表という限られたスペースに、ぎっしりメッセージが刷り込んであるのはどういうつもりか。

○重要　固定資産税　都市計画税納税通知書在中
○口座振替をご利用の場合はコンビニ納付はご利用いただけません
○「納税は期限内に」が合言葉
○都税にご協力ありがとうございます
○古紙パルプ配合率四〇％再生紙を使用しています。石油系溶剤を含まないインキを使用しています

あて先のほかに、これだけ文字が並んでいると、封筒のデザインにしか見えない。「固定資産税　都市計画税納税通知書在中」以外は結局どれも読まれない。

●**具体例④**

「社会保険庁からの大切なお知らせです」という文書をもらった。

社会保険庁では、住民基本台帳ネットワークシステム（住基ネット）を活用して年金受給者の現況確

認を行うことになりました。
今回、社会保険庁で保有しているあなたの本人確認情報と住基ネットの情報により本人確認を行ったところ、あなたの住民票コードを確認することができました。
これにより、毎年、誕生月にご提出いただいていた「年金受給権者現況届」（現況届）による現況確認は、今後住基ネットを活用して行われることになりますので、現況届の提出が原則不要になります。

お年寄り向けに丁寧に書いてあるが、同じ言葉の反復が多くて逆にわかりにくい。第二段落の「今回、社会保険庁で保有しているあなたの本人確認情報と住基ネットの情報により本人確認を行ったところ、あなたの住民票コードを確認することができました」はまったく不要である。不要どころか、自分の知らないところで本人確認されていることが不気味な印象でさえある。この段落をとって「これにより、毎年、誕生月にご提出いただいていた「年金受給権者現況届」（現況届）による現況確認は今後、住基ネットを活用して行われることになります。現況届の提出が原則不要になります」と続けてしまう。途中で文章を一度切れば一層すっきりする。

ただ「現況確認は今後、住基ネットを活用して行われることになります」の「行われます」は能動形の「行います」でなければならない。「行われます」では社会保険庁ではなく誰か他の機関がやるというふうにとれる。本来業務、つまり自分がやるべき事務なのに、「行われます」という客観的表現はおかしい。

確認事務を実際に行うのは区市町村ということでそういう表現にしたとも解釈されるが、それは社会保険事務所と区市町村の間の問題であって、あえてこういう文書で住民に知らせる必要のないものである。自分がやるのではない、ミスがあっても区市町村の責任だという姿勢がにじむような文である。宙に浮いた五千万件の年金という、考えられないミスの出たいい加減な仕事ぶりの土壌まで見える。前記の文章をわかりやすい表現の観点からつくり直してみよう。

「これまで毎年誕生月に提出していただいた年金受給権者現況確認は、今後区市町村の住基ネットを活用して行いますので、別記に該当する方以外は届の提出が不要になります」

これで十分である。別記の方とは、住基ネットに未加入の自治体居住者であって現況確認できない人や特別な資格、事情のある人のことである。

なお、住基ネットを活用する根拠について「社会保険庁において、住基ネットを活用した年金受給者の皆様の現況確認を行うことは、住民基本台帳法第三十条の七第三項の規定に基づき行うことが出来るとされています」と説明書きがある。異議申し立てなどに先手を打っているのかもしれないが、まったくこれもなくもがなである。

この文書はＡ４一枚の裏表にびっしり説明と注意事項が印刷されている。しかし、年金受給者が知っておかなくてはならない情報はその全部ではない。絞り込みが難しければ次のように全体を箇条書きでつくり直す方がよい。

「社会保険庁からのお知らせ」
・これまで毎年誕生月に行っていた年金受給者の現況確認は、今後住民基本台帳ネットワークで行うこととしました
・したがって現況確認届の提出はこれから不要になります
・ただし、住基ネットでは確認できない別記に該当する方は、これまでどおり誕生月に提出をお願いします
・詳しくはそのつど必要書類を送付しますので、記入の上ご返送願います

「別記」は省略するが、説明項目が多くあるときほど表ないしは図あるいは箇条書きにすべきである。下手な文章の説明より表の方が見やすい。お年寄りが一時間以上かけて苦労して読むような指示ばかり多いくどい文書はすみやかになくすべきである。

なぜ、くどい説明文書が役所に多いかといえば、**言葉を継ぎ足すから**である。制度が変わった、トラブル、クレームがあった。そのたびにこの文言を入れよう、根拠法令を書いておけばクレームが来ても大丈夫、と穴埋めするからである。

役人は住民のために完璧な表現を期するのではなく、役所の立場のために完璧を目ざす。はっきり言って、説明文をつけ加えてよくわかるようになるのは、役人ばかりなのである。老婆心で継ぎ足せば継ぎ足

すほどわかりにくい文書ができ、「ここに書いてあるじゃないか」と、窓口で住民を叱る根拠の役しか果たさない。念には念を入れた説明をしておこうという事情はあるかもしれない。それなら初めからもっとわかりやすい文書をつくらなくてはならない。帳票の設計から見直すべきである。三年に一度程度の割合で、文書形式、帳票のオールクリアー、リセットをする必要があろう。つまり、文書は「**継ぎ足さない。つくり直す**」という合言葉で不断に刷新されなければならない。

先に触れた「納税は期限内にが合言葉」というキャッチフレーズより、右のような合言葉こそ役所には必要であろう。

●具体例⑤

公園の掲示板に、次のような警告文のついたポスターが貼ってあった。

> 警戒強化実施中
>
> 最近、公園内等において悪質な事件等が頻繁に発生しております。管理所においては、巡回パトロール等により警戒を強化し利用者皆様の安全確保を第一に取り組んでおります。
>
> 不審者や不審物件等を見かけたときは、直ちに係員までお知らせ願います。
>
> 利用者皆様のご理解とご協力をお願いいたします。

○公園管理事務所長

これでは公園は危険地帯みたいである。確かに近年近辺で一家四人殺しや売店窃盗事件などが何件かあった。しかし、めったにある事件ではない。このポスターの文言では公園に来る人がいなくなってしまう。

「直ちに係員までお知らせ願います」と書いてあるが、肝心な管理事務所の電話番号と場所の地図がない。「不審者や不審物を見かけたときはXXX－XXXXへ電話願います」と端的に表現すべきである。そして管理事務所の地図を必ずつける。文言の「悪質な事件等が頻繁に発生しております」は、いくらなんでも誇張しすぎ、脅しすぎの印象だ。「様々なトラブル」くらいでどうだろうか。「管理所においては、巡回パトロール等により警戒を強化し、利用者皆様の安全確保を第一に取り組んでおります」という文言は「警戒を強化し」を削除し、同時に「管理所においては、利用者皆様の安全を第一に巡回パトロールを強化しております」と修正する。警戒を強化する、より、パトロールを強化してくれる方が利用者にはありがたいのである。

「等」が目立つのも気になる。公園内等、悪質な事件等、巡回パトロール等、不審物件等。これらの等が意味するものを公園利用者は想像できない。ということは、「等」をつける意味がないということである。議会答弁や法令文ではない。こういう言い訳がましい保険をかけるような表現は避けなければならない。

「等」が必要だと思うのは「不審物等」だけである。

●具体例⑥

家を不在にして郵便局から「郵便物お預かりのお知らせ」をもらうことがある。再配達をお願いする場合は電話二十四時間受付と電話職員応対受付と二ルートがある。前者の電話番号は表側に書いてあり、後者のそれはなぜか裏側に書いてある。たいていの人は表側の二十四時間電話受付にかけるが、自動音声にしたがってプッシュボタンを押す。これが大変わずらわしい。わかりにくく何度もやり直し、最後にはいらだって投げ出したくなる。電気製品の修理や操作の問い合わせでも自動音声に振り回されるが、消費者にわずらいを転嫁するしくみとしか思えない。

それがいやで郵便物については職員対応電話にかける。ここで毎度戸惑うことがある。それは「お知らせ番号は何番ですか」と聞かれたときに、それがすぐに見つからないことである。説明文がばらばらにあるために、お知らせ番号の欄に目が行かない。欄の位置はわかりやすい最上段にあるのだが「お知らせ番号」の文字が一段小さい。お知らせ番号の数字そのものが倍以上に大きいために目が番号にいってしまう。その番号がお知らせ番号だとわかるまでにタイムラグが生じる。

もっと戸惑うのは「郵便物の種類はなんですか」という質問への答えである。郵便物の種類という言葉を伝票の中に捜す。ない。一つひとつ文や記号をたどっていくと書留、小包、生もの等の文字にぶつかる。

だが、郵便物の種類という表示はない。「お預かりしている郵便物とそのコード番号」と書いてある。それが郵便物の種類のことだとわかるまでまたタイムラグが生じる。

わかってしまえば、これくらいのことで何で戸惑ったのかと思うが、職員の指示する表現と伝票の表示の文字があわないからあわてるのである。

この「郵便物お預かりのお知らせ」伝票をわかりやすく修正するには、二十四時間電話受付と職員対応電話受付を伝票の第一ページに全部収め、現在ばらばらに書いてある記号や説明文を「一覧表」にする。それだけでいい。ついでに一言付け足すと、職員電話受付を裏に印刷してあるのは、電話をもらいたくない気持ちがにじみ出ているような印象だ。お客様不在のお役所意識と見られても仕方ないだろう。

●具体例⑦

次は研修を兼ねた会議を知らせる事務連絡文書である。

事務連絡

平成○○年○月○日

各位

○○県生活相談センター所長

「○○県生活相談法的対応機能強化事業の実施について」

日ごろより生活相談事業にご協力いただきありがとうございます。

この度、下記のとおり、法的対応機能強化事業として弁護士の○○○○先生をお招きし、市町村で生活相談業務に携わっている相談員の方に、法的な対応が必要と思われる事例について相談していただき、先生より助言をしていただく予定です。この機会にぜひご相談ください。

記

１．日　　時　　平成○○年○○月○○日（○）○時○分～○時○分

２．会　　場　　○○県生活相談センター　小会議室

３．提出書類　　別紙「参加者名簿、質問事項」

＊会場の都合上総数○名程度（各ブロック○名）でお願いします。

４．提出期限　　平成○○年○○月○○日（水）　　＊FAX にて送付ください

５．問合せ先　　○○県生活相談係　　坂口

○○県生活相談係　　山田

電 話　　xx-5321-xx00

FAX　　xx-5321-xx01

６．その他　　この事業は来年度も実施する予定ですので、今回参加できない方は次回ご参加ください。

以上

事務連絡は公文書とするまでもない軽易な通信に使う。形式はあるが、担当者の自由に任せられている面もある。それだけに素顔の見える文書である。

前頁の文書はわかりにくくはない。しかし、言葉が未消化で、担当者の素顔が見えすぎている。まずタイトルの「法的対応機能強化事業」である。内容を見れば法的な問題のある相談ケースについて弁護士から意見、助言をもらう一種の勉強会である。内容は確かに「法的対応機能強化」を図るものだが、なんとも仰々しいネーミングである。いわゆる役所の支配、権威を示す漢文脈であって、仲間内にしか通じない事業名というべきである。こういう硬い未熟なセンスで仕事の言葉をつくるからお役所言葉はわかりにくくなる。住民との距離が遠くなる。

「生活相談に関する法律問題勉強会」とか「生活相談法律問題研修会」程度のネーミングを心がけたいところである。おそらくわざと難しいネーミングを考えだしたわけではあるまい。考えなかったから難しくなったのである。

文章でも考えないときは難しい表現になりやすい。**やさしく平明に書くときほど頭を使う**のである。本書の前半で漢字、漢文脈について述べたように、漢字を組み合わせれば抽象概念から具体事象まで何でも表現できる。事業や法令のネーミングが簡単に行える。やまとことば文脈で表現するより端的、的確、簡潔な表現が可能なのだ。その長所は大いに生かすべきであるが、いわゆる役所言葉といわれる文体に先祖がえりするのは避けなければならない。

我が国には言霊信仰ということがある。言葉に不思議な霊威が宿り、その力が働いて言葉通りの事象が起こるという考えである。古代の信仰であり、現在そのような霊威が多くの人に受け入れられているとも思えないけれども、えもいわれぬニュアンスで私たちを縛る。言霊が脈々と生き続けていることを感じる人も少なくない。その伝で言えば、漢文脈を使う人は権威者になったような錯覚を起こすのである。「存在が意識を規定する」といわれるように、**言葉は公務員意識を規定する**。漢文脈を毎日見ていると漢文脈の姿勢になる。であるから、できるだけ平明な「**やまとことば文脈**」で**公用文をつくり**、また事業名を考えることが大事なのである。

これが、『公務員の教科書　国語編』の、たどり着いた一つの結論である。

なお、前記事務連絡文書の文章は作者の素顔が見え、なんともたどたどしい。「法的な対応が必要と思われる事例について相談していただき、先生より助言していただく予定です」というような箇所をほんの少し手直しすればすっきりとした文書になる。ここで具体的に添削するのは控えるけれども、国語力を試す格好の材料といえる。

言語表現力、特に文章力は推敲、添削をすればするほどよくなる。特に必要なのは**推敲**である。推敲とは最適な言葉を選ぶことをいうが、正確にいえば**無駄をとって最適な言葉のみを残す作業**である。つまり、推敲は引き算である。い葉のダブりや意味のダブり、現実と対応しない空虚なフレーズなどを削りに削っていくと文章が研ぎ出され、鋭く立ち上がってくる。

街を歩けばわかりにくい表現が溢れている。これを批評し、修正案を考える。つまり推敲して歩くのは国語力と楽しみの二つを手にすることである。学ぶ材料はどこにもある。

筆者の経験では原案の二分の一程度削ったあたりから文章が光ってくる。また六回程度書き直すと、言うべきことだけの文章になり、字面が息づいてくる。そこまで推敲をすると完璧である。

学習のポイント

○表現はわかりやすく平明に書こうとする時ほど頭を使う。
○わかりやすい表現は、一秒で送り手と受け手の間で言葉の割符がぴたりと一致する快感がある。
○街を歩けばわかりにくい表現が溢れかえっている。これを批評して歩けば表現力と楽しみを同時に手にいれることができる。

【参考文献】

金田一春彦『日本語』岩波書店（一九八五年）
大野　晋『日本語の文法を考える』岩波書店（一九七八年）
大野　晋『日本語の年輪』新潮社（一九六六年）
大野　晋『日本語練習帳』岩波書店（一九九九年）
大野　晋『日本語の教室』岩波書店（二〇〇二年）
石川九楊『二重言語国家・日本』青灯社（二〇〇五年）
石川九楊『日本語の手ざわり』新潮社（二〇〇五年）
村上哲見・島森哲男編『四字熟語の泉』講談社（二〇〇二年）
加納喜光『三字熟語語源小辞典』講談社（二〇〇一年）
松岡弘監修『初級を教える人のための日本語文法ハンドブック』スリーエーネットワーク（二〇〇〇年）
高木正幸『差別語の基礎知識』土曜美術社（一九九九年）
生瀬克己編『障害者と差別語』明石書店（一九八六年）
朝日新聞社用語幹事編『朝日新聞の用語の手引』朝日新聞社（一九九七年）
河合伸監修、朝日新聞社用語幹事編『朝日新聞のカタカナ語辞典』朝日新聞社（二〇〇六年）
読売新聞校閲部『学生・社会人のための日本語再入門』ＰＨＰエディターズ・グループ（二〇〇〇年）
杉並区総務課編『外来語・役所ことば言い換え帳』ぎょうせい（二〇〇五年）
秋元美晴『よくわかる語彙』アルク（二〇〇二年）
鈴木雪子『美しい敬語のマナー』ＫＫベストセラーズ（一九九八年）
北原保雄監修『岩波日本語使い方考え方辞典』岩波書店（二〇〇三年）
伊藤章雄『行政マンの文章術』学陽書房（二〇〇三年）

【著者紹介】

伊藤章雄（いとう　ゆきお）

昭和16年生まれ。元東京都総務局理事、前㈶東京都公園協会常務理事・現中央大学、聖学院大学非常勤講師。

昭和43年東京都入都。杉並区、人事委員会、建設局、企画審議室、総務局等を歴任。行政経営、都市政策、環境、危機管理、知事発言、政策調整、人事政策などに従事。主な著書に『行政マンの仕事術』、『行政マンの文章術』（学陽書房）、『心に刻む二十世紀の名言』（ぎょうせい・共著）、『今、公園で何が起きているか』（ぎょうせい・編著）などがある。

公務員の教科書　国語編

2007年10月30日　初版発行
2016年８月20日　８版発行

●著　者　伊藤　章雄
●発　行　株式会社 ぎょうせい

本社　東京都中央区銀座７-４-12（〒104-0061）
本部　東京都江東区新木場１-18-11（〒136-8575）
電話　編集　03-6892-6525
　　　営業　03-6892-6666
フリーコール　0120-953-431

〈検印省略〉　URL:http://www.gyosei.co.jp

印刷・ぎょうせいデジタル㈱
※乱丁・落丁本はおとりかえいたします。

ISBN978-4-324-08278-2
(5107256-00-000)
［略号：公務員教科書国語］